प्रकृति के साथ धन का संबंध

हरीश चंद्र कालरा

INDIA · SINGAPORE · MALAYSIA

ISBN 979-8-89777-911-6

"धन्यवाद, हे दिव्य"

हे भगवान, सूरज और बारिश के लिए धन्यवाद,
नदियों, जंगलों और अनाज के खेतों के लिए धन्यवाद।

आप सारे जीवन को बहुत गहरे प्यार से पोषित करते हैं,
प्रकृति और धन का आशीर्वाद हमारे लिए बना रहे।

<u>समर्पित</u>

मेरी प्यारी माँ
स्वर्गीय श्रीमती पुष्पा रानी कालरा
और
मेरे मेहनती पिता
श्री सोमनाथ कालरा

धन और प्रकृति: एक शाश्वत संबंध

प्रकृति की गोद में धन की पहचान,
बीज सही बोएँ, मिले सुख-सम्मान।

झरनों से पोषित जो नदियाँ बहतीं,
वैसे ही आय की धाराएँ रहतीं।

ऋतुएँ सिखाएँ धैर्य का पाठ,
चक्र घूमें, दोहराएँ बात।

एवरेस्ट-सा चढ़ो, रहो स्थिर,
गुरु की दृष्टि से बनो प्रखर।

सयंम से कमाओ, प्रेम से बचाओ,
धन का सच्चा सुख मन से अपनाओ।

क्षणभंगुर है दौलत, समझो ये मान,
सही समय पर लो उसका आनंद महान।

अंतर्वस्तु

अभिस्वीकृति

कृतज्ञता से भरे हृदय के साथ, मैं उन चुनौतियों का आशीर्वाद देने के लिए सर्वशक्तिमान को नमन करता हूं जिन्होंने मेरी यात्रा को आकार दिया और मुझे उनसे उबरने के लिए शक्ति, ज्ञान और **धैर्यपूर्ण स्थिरता** प्रदान करी। हर संघर्ष एक सबक रहा है, और हर जीत ईश्वरीय कृपा का प्रमाण रही है।

मैं अपने पिता श्री सोमनाथ कालरा, जिनका मार्गदर्शन मेरे लिए सहायक रहा है, और मेरी दिवंगत मां श्रीमती पुष्पारानी कालरा, जिनका प्यार और आशीर्वाद मेरे मार्ग को रोशन करता रहा है, के प्रति अपनी गहरी कृतज्ञता व्यक्त करता हूँ। मेरे समर्थन का अटूट स्तंभ बनने के लिए मेरी पत्नी पूजा और मेरी बेटी अवनी को मेरा हार्दिक धन्यवाद, जिसकी मासूमियत और प्यार मुझे रोजाना प्रेरित करती है। मेरी बहनें, शिल्पा और पूनम, जीवन के सबसे महत्वपूर्ण क्षणों के दौरान बिना शर्त प्यार के साथ मेरे साथ खड़ी रहीं, अपना समय, ज्ञान और प्रोत्साहन दिया - मैं हमेशा आभारी हूं।

यह पुस्तक मेरे प्रेरणा स्रोत, विशेष रूप से एनजे इंडिया इन्वेस्ट प्राइवेट लिमिटेड की टीम और सदस्यों के बिना संभव नहीं होती। म्यूचुअल फंड डिस्ट्रीब्यूटर एसोसिएशन

भोपाल, सभी म्यूचुअल फंड एएमसी, और अन्य म्यूचुअल फंड डिस्ट्रीब्यूटर एसोसिएशन और बीमा कंपनियां जिन्होंने मुझे अनगिनत सेमिनारों और ज्ञान सत्रों में आमंत्रित किया है। उनके विश्वास और मंच ने मुझे अमूल्य सीखने के अनुभव प्रदान किए, जिससे वह चिंगारी भड़की जिसने इस पुस्तक को जन्म दिया।

मैं विभिन्न कंपनियों और बैंकों के अपने पूर्व सहयोगियों और अपनी कंपनी की वर्तमान टीम के प्रति भी अपना हार्दिक धन्यवाद व्यक्त करता हूं। इस प्रयास को वास्तविकता बनाने में उनका सहयोग, समर्पण और समर्थन महत्वपूर्ण रहा है।

मेरे ग्राहकों के प्रति कृतज्ञता का एक विशेष नोट, जो सिर्फ ग्राहक नहीं बल्कि मेरा विस्तृत परिवार हैं। उनके माध्यम से, मैंने हजारों सबक सीखे हैं, नए दृष्टिकोण प्राप्त किए हैं और रिश्तों और विश्वास का असली सार खोजा है। उनका धैर्य, समझ और सहयोग, विशेषकर चुनौतीपूर्ण समय में, शब्दों से परे है।

मैं अपने रिश्तेदारों, पड़ोसियों और दोस्तों को भी उनके अटूट प्यार और समर्थन के लिए धन्यवाद देता हूं, खासकर कठिन समय के दौरान। उनकी उपस्थिति आराम और ताकत का स्रोत रही है, जिससे हर बाधा को पार करना आसान हो गया है।

जैसे ही मैं इस यात्रा पर विचार करता हूं, मुझे एहसास होता है कि यह पूरा ब्रह्मांड किसी न किसी तरह से मेरी

मदद कर रहा है। लोगों से लेकर अनुभवों तक, संघर्षों से लेकर सफलताओं तक - सब कुछ दैवीय रूप से व्यवस्थित किया गया है। भगवान, इस खूबसूरत ब्रह्मांड को बनाने और मुझे इसका हिस्सा बनाने के लिए धन्यवाद।

हृदय से आभार सहित,

- हरीश कालरा

यह पुस्तक किसके लिए लाभदायक है

पुस्तक **"प्रकृति के साथ धन का संबंध"** सभी पीढ़ियों, लिंगों, व्यवसायों और जीवन के क्षेत्रों के लोगों को लाभ पहुंचाने के इरादे से तैयार की गई है। इस पुस्तक का मूल विचार प्रकृति से गहरी प्रेरणा लेने और इसके सिद्धांतों को प्रत्यक्ष और अप्रत्यक्ष रूप से धन सृजन, संचय और प्रबंधन से जोड़ने के इर्द-गिर्द घूमता है। प्रकृति हमेशा हमारे जीवन में एक मार्गदर्शक शक्ति रही है और इस पुस्तक के माध्यम से यह दिखाने का प्रयास किया गया है कि कैसे इसके सिद्धांत धन के प्रति किसी के दृष्टिकोण को प्रभावी ढंग से बदल सकते हैं।

यह पुस्तक पुरुषों और महिलाओं के लिए समान रूप से फायदेमंद है, चाहे उनकी उम्र कुछ भी हो, क्योंकि धन प्रबंधन और सृजन के मूल सिद्धांत सार्वभौमिक हैं। युवा व्यक्ति जो अपने करियर के शुरुआती चरण में हैं, वे सीख सकते हैं कि कैसे एक छोटे से योगदान के साथ शुरुआत करने से समय के साथ उल्लेखनीय वित्तीय वृद्धि हो सकती है, जैसे कि कैसे एक छोटा बीज धीरे-धीरे लगातार पोषण के साथ एक विशाल पेड़ में विकसित होता है। दूसरी ओर, जो लोग अपने जीवन के मध्य या बाद के चरण में हैं, उन्हें यह समझने में मूल्य मिल सकता है कि धन, यदि ठीक से प्रबंधित या उपयोग नहीं किया जाता है, तो कैसे हानि या स्थिरता का

कारण बन सकता है - ठीक उसी तरह जैसे किसी पेड़ की बड़ी शाखाएं उसके विकास को रोक देती हैं या देखभाल की कमी के कारण सूख जाती हैं।

चाहे आप कर्मचारी हों, व्यवसायी हों, उद्यमी हों, पेशेवर हों या फ्रीलांसर हों, यह पुस्तक ऐसी अंतर्दृष्टि प्रदान करती है जो आपके वित्तीय ज्ञान और निर्णय लेने के कौशल को बढ़ाने में आपकी मदद कर सकती है। कर्मचारियों को लगातार बचत, व्यवस्थित निवेश और चक्रवृद्धि की शक्ति के बारे में सीखना उपयोगी लग सकता है, जैसे कि मौसमी बदलाव जो धीरे-धीरे भरपूर फसल की ओर ले जाते हैं। दूसरी ओर, व्यवसायी और उद्यमी प्रकृति के विस्तार और विकास के सिद्धांत से जुड़ सकते हैं, जहां धैर्य, रणनीति और अनुकूलन स्थायी वित्तीय सफलता की कुंजी हैं।

यह पुस्तक वित्तीय सुरक्षा के महत्व पर भी प्रकाश डालती है, इसकी तुलना प्रकृति की रक्षा तंत्र से करती है। जिस प्रकार एक पेड़ मजबूत जड़ों और मोटी छाल से अपनी रक्षा करता है, उसी प्रकार व्यक्तियों को भी उचित वित्तीय योजना, बीमा और जोखिम प्रबंधन के माध्यम से अपने धन की रक्षा करनी चाहिए। किसी भी पेशे के पाठक आय, व्यय, बचत और निवेश को संतुलित करने के बारे में मूल्यवान अंतर्दृष्टि पा सकते हैं - प्रकृति में संतुलित पारिस्थितिकी तंत्र के समान जहां सब कुछ जीवन को बनाए रखने में महत्वपूर्ण भूमिका निभाता है।

इसके अलावा, यह पुस्तक ऐसे किसी भी व्यक्ति के लिए है जो जीवन में प्राकृतिक संतुलन बनाए रखते हुए धन का निर्माण और संरक्षण करना चाहता है। प्रकृति से ली गई सीख पाठकों को धन सृजन, उपयोग और संरक्षण की दिशा में सोच-समझकर कदम उठाने के लिए प्रेरित करेगी। चाहे आप अपने भविष्य के लिए योजना बना रहे हों, अपने परिवार की वित्तीय भलाई सुरक्षित कर रहे हों, या वित्तीय स्वतंत्रता की तलाश कर रहे हों, यह पुस्तक प्राकृतिक सिद्धांतों को धन प्रबंधन रणनीतियों से जोड़कर एक व्यावहारिक मार्गदर्शिका के रूप में कार्य करती है।

संक्षेप में, "प्रकृति के साथ धन संबंध" हर किसी के लिए फायदेमंद है - युवा या बूढ़े, पुरुष या महिला, वेतनभोगी या स्व-रोज़गार, अनुभवी या शुरुआती - जो प्रकृति के विशाल और व्यावहारिक सिद्धांतों से सीखते हुए एक स्थायी और बढ़ती संपत्ति का निर्माण करना चाहते हैं। जिस प्रकार प्रकृति सहजता से विकास, संतुलन और नवीकरण का प्रबंधन करती है, यह पुस्तक आपको अपनी वित्तीय यात्रा के प्रबंधन में उसी दृष्टिकोण को अपनाने के लिए मार्गदर्शन करेगी।

अध्याय 1

लंबे समय तक फल देने वाले पेड़ों के बीज बोएँ

प्रकृति हमेशा सबसे बड़ी शिक्षक रही है, जो हमें धैर्य, देखभाल और दीर्घकालिक पुरस्कार की शक्ति दिखाती है। पेड़ न केवल हवा को साफ करते हैं, ऑक्सीजन प्रदान करते हैं और पर्यावरण को समृद्ध करते हैं, बल्कि कुछ फल देने वाले पेड़ पीढ़ियों के लिए जीविका और औषधीय मूल्य भी प्रदान करते हैं। इनमें से कुछ पेड़ सदियों तक जीवित रहते हैं, परिपक्वता के बाद न्यूनतम देखभाल के साथ निरंतर लाभ देते हैं। धन की तरह, पेड़ों को भी हमें पुरस्कृत करने से पहले सही चयन, पोषण और धैर्य की आवश्यकता होती है।

आइए कुछ ऐसे पेड़ों के बारे में जानें जो लंबे समय तक फल देते हैं और देखें कि वे धन सृजन के लिए क्या सबक देते हैं।

1. जैतून का पेड़ - धन का एक शाश्वत प्रदाता

जैतून का पेड़ धैर्यपूर्ण स्थिरता, दीर्घायु और समृद्धि का प्रतीक है। यह 500 से अधिक वर्षों तक जीवित रह सकता है, कुछ पेड़ 1,000 से अधिक वर्षों तक जैतून का उत्पादन करते हैं। पेड़ 3-5 वर्षों में फल देना शुरू कर देता है, और उचित देखभाल के साथ, यह मूल्यवान जैतून प्रदान करता रहता है, जो मुख्य रूप से तेल उत्पादन के लिए उपयोग किया जाता है।

वैश्विक बाजारों में जैतून का तेल एक उच्च मूल्य वाली वस्तु है, जिससे जैतून की खेती बेहद लाभदायक है।

ये पेड़ सूखे और लवणता जैसी कठिन परिस्थितियों में भी पनपते हैं और अपनी ताकत का प्रदर्शन करते हैं।

एक अकेला वयस्क जैतून का पेड़ चार लोगों के लिए पर्याप्त ऑक्सीजन पैदा करता है, जो पर्यावरणीय स्थिरता में योगदान देता है।

धन का सबक: स्थिर, दीर्घकालिक परिसंपत्तियों - जैसे रियल एस्टेट, मजबूत कंपनियों के स्टॉक/म्यूचुअल फंड, या सेवानिवृत्ति निधि - में निवेश पीढ़ियों तक निरंतर रिटर्न प्रदान कर सकता है, ठीक उसी तरह जैसे जैतून का पेड़ सदियों तक फल देता है।

2. अनार का पेड़ - स्वास्थ्य और दीर्घायु का खजाना

अनार का पेड़ 50+ वर्षों तक जीवित रहता है, 3-5 वर्षों में फल देना शुरू कर देता है। अपने एंटीऑक्सीडेंट से भरपूर फलों के लिए मशहूर अनार का औषधीय और व्यावसायिक महत्व बहुत अधिक है।

इसमें पॉलीफेनोल्स होते हैं जो ऑक्सीडेटिव तनाव और उम्र बढ़ने से लड़ते हैं, जिससे यह एक मांग वाला स्वास्थ्य उत्पाद बन जाता है।

अनार के अर्क में सूजनरोधी और रोगाणुरोधी गुण होते हैं, जो रोग प्रतिरोधक क्षमता को बढ़ाते हैं।

स्वास्थ्य के प्रति जागरूक उत्पादों की बढ़ती मांग के कारण इसकी खेती अत्यधिक लाभदायक है।

धन का पाठ: अनार के पेड़ की तरह, कुछ निवेश (जैसे स्वास्थ्य बीमा, एसआईपी और चक्रवृद्धि निवेश) पहले धीमे लग सकते हैं, लेकिन वे स्थिरता, सुरक्षा और दीर्घकालिक वित्तीय कल्याण प्रदान करते हैं।

3. आम का पेड़ - धैर्य का मीठा इनाम

दुनिया भर में प्रिय आम के पेड़ 40-100 साल तक जीवित रहते हैं और 3-6 साल के भीतर फल देना शुरू कर देते हैं।

आम की मांग अधिक बनी हुई है, जिससे आम की खेती एक लाभदायक व्यवसाय बन गई है।

आम का पेड़ ऑक्सीजन उत्पादन में महत्वपूर्ण योगदान देता है, जिससे जीवन को बनाए रखने में मदद मिलती है।

भारत में, आम के पेड़ सांस्कृतिक और आध्यात्मिक महत्व रखते हैं, जिन्हें अक्सर घरेलू बगीचों में लगाया जाता है।

अलग-अलग किस्मों के अलग-अलग समय पर पकने के कारण, आम की पैदावार लगातार जारी रहती है।

धन का पाठ: जिस प्रकार आम के पेड़ों को फलने-फूलने के लिए अलग-अलग जलवायु और परिस्थितियों की आवश्यकता होती है, उसी प्रकार धन सृजन के लिए विविधीकरण की आवश्यकता होती है - निरंतर वित्तीय विकास सुनिश्चित करने के लिए इक्विटी फंड, बॉन्ड, सोना और रियल एस्टेट जैसे विभिन्न परिसंपत्ति वर्गों में निवेश करना।

4. शहतूत का पेड़ - छोटा लेकिन स्थिर विकास

शहतूत का पेड़ 30-50 साल तक जीवित रहता है और 3-4 साल के भीतर फल देना शुरू कर देता है। अपने स्वादिष्ट फल के अलावा, यह रेशमकीट पालन में महत्वपूर्ण भूमिका निभाता है, जो इसे आर्थिक रूप से महत्वपूर्ण बनाता है।

शहतूत की पत्तियों का उपयोग मधुमेह और अन्य स्वास्थ्य लाभों के लिए पारंपरिक चिकित्सा में किया जाता है।

यह तेजी से बढ़ने वाला और कठोर पेड़ है जो विभिन्न वातावरणों में आसानी से ढल जाता है।

शहतूत की खेती रेशम उद्योग में योगदान देती है, यह दर्शाता है कि अप्रत्यक्ष लाभ कैसे धन बढ़ा सकते हैं।

धन का पाठ: उत्पादक परिसंपत्तियों में निवेश करना - जैसे कि लाभांश स्टॉक या लाभांश उपज निधि, किराये की संपत्ति, या व्यावसायिक उद्यम - समय के साथ स्थिर आय प्रवाह सुनिश्चित करता है। यहां तक कि छोटे लेकिन निरंतर निवेश भी लंबे समय में महत्वपूर्ण धन पैदा कर सकते हैं।

धन संबंध - लंबे समय तक जीवित रहने वाले पेड़ों से सबक

इन लंबे समय तक जीवित रहने वाले, फल देने वाले पेड़ों को देखने से हमें धन-निर्माण का एक महत्वपूर्ण सबक मिलता है: विकास के लिए समय, देखभाल और सही वातावरण की आवश्यकता होती है। जिस प्रकार पेड़ों को आत्मनिर्भर बनने से पहले प्रारंभिक देखभाल की आवश्यकता होती है, उसी प्रकार धन संचय के लिए शीघ्र निवेश, धैर्य और उचित वित्तीय योजना की आवश्यकता होती है।

दीर्घकालिक निवेश का फल मिलता है: पेड़ों की तरह जो दशकों तक फल देते हैं, रियल एस्टेट, सेवानिवृत्ति निधि और इक्विटी बाजारों में निवेश समय मिलने पर सर्वोत्तम परिणाम देते हैं।

धैर्य महत्वपूर्ण है: जिस प्रकार पेड़ तुरंत फल नहीं देते, उसी प्रकार वित्तीय संपत्तियों को बढ़ने के लिए समय की आवश्यकता होती है। धन सृजन एक मैराथन है, तेज़ दौड़ नहीं।

नियमित देखभाल निरंतर लाभ सुनिश्चित करती है: पेड़ों को पानी देने, छंटाई और कीट नियंत्रण की आवश्यकता होती है - ठीक उसी तरह जैसे निवेश के लिए निगरानी, समायोजन और विविधीकरण की आवश्यकता होती है।

तात्कालिक लाभ से परे सोचें: पेड़ों की तरह जो फलों से परे ऑक्सीजन, छाया और सुंदरता प्रदान करते हैं, धन का निर्माण न केवल व्यक्तिगत उपयोग के लिए बल्कि परिवार, समाज और भावी पीढ़ियों के लिए भी किया जाना चाहिए।

इस अध्याय से मुख्य निष्कर्ष:

1. धन के बीज जल्दी बोएं: जिस प्रकार पेड़ों को सही परिस्थितियों में लगाया जाना चाहिए, उसी प्रकार रणनीतिक वित्तीय योजना के साथ अपनी धन यात्रा शुरू करें।

2. अपने लक्ष्यों के लिए सही निवेश (पेड़) चुनें: अलग-अलग पेड़ों का जीवनकाल और लाभ अलग-अलग होते हैं - इसी तरह, ऐसी संपत्ति चुनें जो आपके वित्तीय लक्ष्यों और समय सीमा से मेल खाती हो।

3. एक जीवित जीव की तरह अपने धन की देखभाल: नियमित निगरानी, पुनर्संतुलन और निवेश को जोखिमों से बचाना दीर्घकालिक समृद्धि सुनिश्चित करता है।

4. फलों का आनंद लेने से पहले धन जमा होने दें: चक्रवृद्धि लाभों को अधिकतम करते हुए, रिटर्न वापस लेने से पहले निवेश को परिपक्व होने दें।

5. धन के बारे में सोचें, धन बढ़ाएं, धन का प्रबंधन करें और धन का आनंद लें: सच्ची वित्तीय सफलता न केवल संचय से बल्कि धन के उचित उपयोग से भी आती है।

प्रकृति के ज्ञान का पालन करके, हम पीढ़ियों तक चलने वाली संपत्ति का निर्माण, पोषण और आनंद लेना सीख सकते हैं - बिल्कुल इन अविश्वसनीय फल देने वाले पेड़ों की तरह।

* * * * *

देने वाला वृक्ष और धन

एक वृक्ष लहराए, फल लुटाए,
फिर भी अपनी जड़ों में स्थिरता पाए।

धन भी हो ऐसा, प्रवाह में रहे,
बहे उदारता से, न संकुचित गहे।

परिसंपत्तियाँ और फल समान,
रुके नहीं, बढ़ें हर दिन महान।

ज्ञान, दया, समय और धन,
सार्थक दान से बढ़ता हर गुण।

हृदय से दो, प्रेम से लुटाओ,
भाग्य मुस्काए, सौगात लौटाओ!

अध्याय 2

मौन दिग्गज और धन सृजन की कला

प्राचीन जंगलों के बीचों-बीच ऊंचे-ऊंचे पेड़ समय बीतने के मूक गवाह के रूप में खड़े हैं। ये दिग्गज, जिनमें से कुछ आकाश में सैकड़ों फीट की ऊँचाई तक पहुँचे थे, रातों-रात नहीं उभरे। वे नाजुक बीजों के रूप में शुरू हुए, जो आंखों से मुश्किल से दिखाई देते थे। महानता की ओर उनकी यात्रा धीमी और स्थिर है, जिसे प्रकृति की अनदेखी शक्तियों ने आकार दिया है।

एक विशालकाय की वृद्धि

एक पेड़ का विकास एक बीज के उपजाऊ ज़मीन खोजने से शुरू होता है। यह तुरंत नहीं बढ़ता है, बल्कि अपने शुरुआती वर्षों में मजबूत जड़ें जमाता है। सतह के नीचे छिपी ये जड़ें, पानी और पोषक तत्वों की तलाश करती हैं, तूफान और कठोर परिस्थितियों के खिलाफ पेड़ को सहारा देती हैं। जड़ें जितनी गहरी और व्यापक फैलती हैं, पेड़ को उतनी ही अधिक स्थिरता और पोषण मिलता है।

जैसे-जैसे साल बीतते हैं, पेड़ अपने तने को मोटा करता जाता है, जिससे उसकी बढ़ती हुई शाखाओं को सहारा देने के लिए उसका कोर मजबूत होता जाता है। इसके तने की प्रत्येक अंगूठी संघर्ष और अस्तित्व की कहानी कहती है - सूखा, तूफान और प्रचुरता के मौसम। प्रत्येक गुजरते मौसम के साथ, पेड़ लंबा और मजबूत होता जाता है, सूरज की रोशनी तक पहुंचता है, लगातार अनुकूलन और विस्तार करता है।

लेकिन इसकी विशाल उपस्थिति का रहस्य केवल तीव्र विकास में नहीं बल्कि धैर्य और लचीलेपन में निहित है। एक पेड़ विशाल बनने की जल्दी नहीं करता; इसके बजाय, यह निरंतर प्रगति सुनिश्चित करते हुए, लगातार अपना पोषण करता है। यह प्रकृति का तरीका है- दीर्घकालिक निवेश, अटूट दृढ़ता और रणनीतिक विकास।

धन सृजन: एक समान यात्रा

पेड़ों की तरह, धन भी रातों-रात नहीं बनता। इसकी शुरुआत एक वित्तीय बीज से होती है - एक विचार, एक छोटा निवेश, या एक विनम्र शुरुआत। सबसे पहले, रिटर्न महत्वहीन लग सकता है, बहुत कुछ एक पौधे की तरह जो अपने चारों ओर की घास से बमुश्किल लंबा होता है। लेकिन कुंजी निरंतरता और पोषण में निहित है।

वित्तीय जड़ें अवश्य रोपनी चाहिए - ज्ञान, अनुशासन और स्मार्ट निर्णय लेने की क्षमता इसकी नींव बनती है।

जिस तरह एक पेड़ तूफानों का सामना करता है, उसी तरह धन सृजन को बाजार में गिरावट, अप्रत्याशित खर्चों और आर्थिक बदलावों का सामना करना पड़ता है। जो लोग कठिनाई के पहले संकेत पर घबरा जाते हैं और अपने निवेश को उखाड़ फेंकते हैं, वे उन्हें कभी भी कुछ बड़ा नहीं होने देते।

समय के साथ, छोटे लेकिन स्थिर प्रयास-निरंतर बचत, रणनीतिक निवेश और मुनाफे का पुनर्निवेश-महत्वपूर्ण वृद्धि में बदल जाते हैं। धन जितने लंबे समय तक निवेशित रहता है, उसकी नींव उतनी ही मजबूत होती है। पेड़ के छल्लों की तरह, प्रत्येक वित्तीय निर्णय धन-निर्माण प्रक्रिया में ताकत की परतें जोड़ता है।

समय और धैर्य की शक्ति

पेड़ और धन दोनों एक आवश्यक घटक की मांग करते हैं: समय। सबसे शानदार पेड़ वे हैं जो समय की कसौटी पर खरे उतरे हैं, विपरीत परिस्थितियों का सामना करते हुए लगातार बढ़ते रहे हैं। इसी तरह, सबसे धनी व्यक्ति वे हैं जो समझते हैं कि वित्तीय विकास एक तेज़ दौड़ नहीं बल्कि एक मैराथन है।

धैर्य, लचीलापन और रणनीतिक पोषण वित्तीय स्वतंत्रता की ओर ले जाता है, जैसे वे विशाल जंगलों की ओर ले जाते हैं। जिस प्रकार एक पेड़ की शाखाएं अपने बाद आने वालों

को छाया प्रदान करती हैं, ठीक उसी प्रकार धन, जब सही ढंग से विकसित किया जाता है, आने वाली पीढ़ियों के लिए एक विरासत बनाता है।

अंत में, पेड़ और धन सृजन दोनों प्रकृति के एक ही मौलिक नियम का पालन करते हैं: धीमी, स्थिर और रणनीतिक वृद्धि महानता की ओर ले जाती है।

अध्याय से मुख्य बातें:

1. मजबूत नींव मायने रखती है - जिस तरह पेड़ों की जड़ें पहले गहरी होती हैं, उसी तरह धन-निर्माण ज्ञान, अनुशासन और स्मार्ट वित्तीय योजना से शुरू होता है।

2. विकास में समय लगता है - न तो पेड़ और न ही धन रातोरात बढ़ते हैं। निरंतरता और धैर्य दीर्घकालिक सफलता की कुंजी हैं।

3. तूफानों का सामना करें - पेड़ और वित्तीय यात्रा दोनों को चुनौतियों का सामना करना पड़ता है। कठिन समय के दौरान मजबूत बने रहने से अधिक पुरस्कार मिलते हैं।

4. छोटे प्रयासों का मिश्रण - एक पेड़ हर साल छल्ले जोड़ता है, जैसे छोटी बचत और स्मार्ट निवेश समय के साथ बढ़ते हैं।

5. एक स्थायी विरासत बनाएं - एक विशाल पेड़ पीढ़ियों तक छाया प्रदान करता है, जैसे बुद्धिमानी से प्रबंधित धन भविष्य के परिवार के सदस्यों को लाभ पहुंचाता है।

* * * * *

बड़े-बड़े काम समय लेते हैं

एक नन्हा बीज, कितना छोटा, कितना हल्का,
फिर भी बनेगा इक वटवृक्ष, छू लेगा ऊँचाई अनोखी।

धूप सहन करे, तूफानों से लड़े,
मजबूती से खड़ा रहे, हर हाल में बढ़े।

नदी भी छोटी बूंदों से जन्म लेती है,
धीरे-धीरे धाराएँ प्रचंड बहने लगती हैं।

कदम-दर-कदम, चाहे धीमा ही सही,
धैर्य और परिश्रम से बदलता है वही।

प्रकृति सिखाती है, धन भी यूँ संवरता है,
संयम और समय से ही समृद्धि निखरता है।

धीमी और स्थिर हो इसकी बहार,
महानता को पनपने दो, यही है आधार!

अध्याय 3

12 महीने और चार मौसमों का एक साल: जीवन, निवेश और धन प्रबंधन के लिए सबक

जीवन, एक वर्ष की तरह, विभिन्न चरणों से गुजरता है, प्रत्येक के अपने अवसर और चुनौतियाँ होती हैं। 12 महीने और चार ऋतुएँ विकास, परिवर्तन और नवीनीकरण के चक्र का प्रतीक हैं। ये चक्र व्यक्तिगत विकास, वित्तीय योजना और धन प्रबंधन में मूल्यवान अंतर्दृष्टि प्रदान करते हैं। जिस प्रकार प्रकृति एक लय का अनुसरण करती है, उसी प्रकार हमारा वित्तीय और व्यक्तिगत जीवन भी एक लय का अनुसरण करता है। इन पैटर्न को पहचानने से व्यक्तियों को बुद्धिमानी से विकल्प चुनने, जोखिमों का प्रबंधन करने और अवसरों को अधिकतम करने में मदद मिल सकती है।

वसंत: शुरुआत और विकास का मौसम

वसंत नई शुरुआत, नए अवसरों और बीज बोने का प्रतिनिधित्व करता है। यह नवीनीकरण का समय है, जीवन और निवेश के शुरुआती चरणों की तरह।

जीवन परिप्रेक्ष्य

जीवन में वसंत बचपन और युवावस्था से मेल खाता है। यह सीखने, विकास और अन्वेषण का काल है। यह तब होता है जब कोई व्यक्ति ज्ञान प्राप्त करता है, रिश्ते बनाता है और भविष्य की नींव रखता है। जिस प्रकार पौधों को बढ़ने के लिए देखभाल की आवश्यकता होती है, उसी प्रकार व्यक्तियों को शिक्षा, कौशल विकास और स्वस्थ आदतों में निवेश करना चाहिए।

निवेश अंतर्दृष्टि

निवेश के संदर्भ में, वसंत स्टार्टअप चरण का प्रतीक है। उद्यमी और निवेशक नए व्यवसाय शुरू करके, शेयर बाजार में प्रवेश करके, या अपने पोर्टफोलियो में विविधता लाकर बीज बोते हैं। यह समय परिकलित जोखिम लेने और विकास के अवसर तलाशने का है। ध्यान अनुसंधान, बाज़ार के रुझानों को सीखने और सूचित निर्णय लेने पर होना चाहिए।

धन प्रबंधन रणनीतियाँ

वसंत ऋतु बचत और निवेश शुरू करने का सही समय है। अनुशासित बचत की आदत विकसित करना, दीर्घकालिक वित्तीय लक्ष्य निर्धारित करना और आपातकालीन निधि का निर्माण वित्तीय सुरक्षा प्रदान कर सकता है। यह दीर्घकालिक विकास क्षमता वाले स्टॉक, रियल एस्टेट या म्यूचुअल फंड में निवेश करने का भी सबसे अच्छा समय है।

ग्रीष्म ऋतु: कड़ी मेहनत और विस्तार का मौसम

ग्रीष्मकाल कार्रवाई, समृद्धि और सहनशक्ति का समय है। वसंत ऋतु में बोए गए बीज मजबूत होते हैं, लेकिन उन्हें बाहरी चुनौतियों से पोषण और सुरक्षा की आवश्यकता होती है।

जीवन परिप्रेक्ष्य

जीवन में, गर्मी युवा वयस्कता और मध्य-कैरियर विकास का प्रतिनिधित्व करती है। यह कड़ी मेहनत, पेशेवर विस्तार और धन संचय का चरण है। व्यक्ति ज़िम्मेदारियाँ लेते हैं, परिवार स्थापित करते हैं और करियर विकास पर ध्यान केंद्रित करते हैं। इस अवधि के दौरान निरंतरता और दृढ़ता सफलता की कुंजी है।

निवेश अंतर्दृष्टि

निवेशकों के लिए, गर्मी विकास के चरण का प्रतीक है। बाज़ार का विस्तार होता है, व्यवसाय फलते-फूलते हैं और मुनाफ़ा मिलना शुरू हो जाता है। हालाँकि, जैसे गर्मी कभी-कभी अत्यधिक हो सकती है, वित्तीय बाज़ार भी अस्थिर हो सकते हैं। निवेशकों को मौसम के उतार-चढ़ाव के लिए तैयार रहना चाहिए और आवश्यकता पड़ने पर समायोजन करना चाहिए। वित्तीय विकास को बनाए रखने के लिए विविधीकरण और जोखिम प्रबंधन आवश्यक है।

धन प्रबंधन रणनीतियाँ

इस चरण के दौरान, व्यक्तियों को धन संचय, अपने निवेश को अनुकूलित करने और आय स्रोतों को बढ़ाने पर ध्यान देना चाहिए। यह सेवानिवृत्ति योजनाओं को मजबूत करने, रियल एस्टेट में निवेश करने और निष्क्रिय आय स्रोत बनाने का सही समय है। बाजार के रुझानों पर अपडेट रहना और निवेश पोर्टफोलियो पर दोबारा गौर करना स्थिरता और निरंतर विकास सुनिश्चित करता है।

शरद ऋतु: पुरस्कार और समायोजन प्राप्त करने का मौसम

शरद ऋतु फसल, चिंतन और तैयारी का समय है। यह सक्रिय विकास से भविष्य के लिए सावधानीपूर्वक योजना बनाने की ओर संक्रमण का प्रतिनिधित्व करता है।

जीवन परिप्रेक्ष्य

जीवन में, शरद ऋतु मध्य आयु से मेल खाती है, जब व्यक्ति अपनी कड़ी मेहनत के फल का आनंद लेते हैं। यह करियर स्थिरता, पारिवारिक जिम्मेदारियों और वित्तीय सुरक्षा का समय है। हालाँकि, जैसे ही पत्तियाँ गिरती हैं, परिवर्तन अपरिहार्य हैं - बच्चे बड़े होते हैं, करियर के रास्ते बदलते हैं, और नई जिम्मेदारियाँ पैदा होती हैं।

निवेश अंतर्दृष्टि

निवेशकों के लिए, शरद ऋतु पुरस्कार प्राप्त करने की अवधि है। पहले किए गए निवेश से अब पर्याप्त रिटर्न मिलना चाहिए। हालाँकि, यह पुनर्मूल्यांकन का भी समय है। दीर्घकालिक स्थिरता सुनिश्चित करने के लिए कुछ निवेशों को पुनः आवंटित करने या वापस लेने की आवश्यकता हो सकती है। अगले चरण की तैयारी के लिए वित्तीय नियोजन के लिए एक रणनीतिक दृष्टिकोण महत्वपूर्ण है।

धन प्रबंधन रणनीतियाँ

इस चरण में धन बनाए रखने और सेवानिवृत्ति की तैयारी के बीच संतुलन की आवश्यकता होती है। ऋण में कमी, कर योजना और संपत्ति प्रबंधन प्रमुख प्राथमिकताएँ बन जाती हैं। लाभांश या किराये की आय जैसे निष्क्रिय आय स्रोत बनाना, वित्तीय स्वतंत्रता सुनिश्चित करता है। बीमा पॉलिसियों की समीक्षा करने और वसीयत को अद्यतन करने से अपने और प्रियजनों के लिए एक स्थिर भविष्य सुरक्षित करने में मदद मिलती है।

सर्दी: संरक्षण और विरासत का मौसम

सर्दी आराम, संरक्षण और चिंतन का प्रतीक है। यह धीमा होने, उपलब्धियों की सराहना करने और अगली पीढ़ी के लिए स्थिरता सुनिश्चित करने का समय है।

जीवन परिप्रेक्ष्य

जीवन में सर्दी बुढ़ापे और सेवानिवृत्ति का प्रतिनिधित्व करती है। यह ज्ञान, चिंतन और ज्ञान को भावी पीढ़ियों तक पहुँचाने का चरण है। स्वास्थ्य बनाए रखना, व्यक्तिगत जुनून का आनंद लेना और पारिवारिक संबंधों का पोषण करना प्राथमिकताएँ बन जाती हैं।

निवेश अंतर्दृष्टि

निवेश में सर्दी पूंजी संरक्षण की अवधि का प्रतीक है। जोखिम लेना कम हो जाता है और ध्यान वित्तीय सुरक्षा बनाए रखने पर केंद्रित हो जाता है। बांड, सावधि जमा और वार्षिकियां जैसे रूढ़िवादी निवेश आवश्यक हो जाते हैं। लक्ष्य बाजार जोखिमों के अनावश्यक जोखिम के बिना वित्तीय स्वतंत्रता का आनंद लेना है।

धन प्रबंधन रणनीतियाँ

इस चरण में, संपत्ति योजना, धन हस्तांतरण और धर्मार्थ योगदान महत्वपूर्ण हो जाते हैं। व्यक्तियों को यह सुनिश्चित करना चाहिए कि उनकी वित्तीय विरासत से उनके परिवार और समाज को लाभ हो। एक अच्छी तरह से संरचित सेवानिवृत्ति योजना व्यक्ति को वित्तीय तनाव के बिना आराम से रहने की अनुमति देती है। यह युवा पीढ़ी को वित्तीय साक्षरता और निर्णय लेने में मार्गदर्शन देने का भी समय है।

निष्कर्ष

12 महीनों और चार मौसमों वाला एक वर्ष जीवन, निवेश और धन प्रबंधन की यात्रा को दर्शाता है। विकास, संरक्षण और संक्रमण के पैटर्न को पहचानने से व्यक्तियों को बेहतर वित्तीय और व्यक्तिगत निर्णय लेने में मदद मिलती है। जिस तरह किसान बदलते मौसम का सम्मान करते हैं, उसी तरह निवेशकों और व्यक्तियों को आर्थिक चक्र, व्यक्तिगत वित्तीय जरूरतों और दीर्घकालिक लक्ष्यों को समझना चाहिए।

जीवन और वित्तीय रणनीतियों को ऋतुओं के ज्ञान के साथ जोड़कर, कोई स्थिरता, सफलता और एक स्थायी विरासत प्राप्त कर सकता है। चाहे वसंत में नए बीज बोना हो, गर्मियों में कड़ी मेहनत करना हो, शरद ऋतु में पुरस्कार प्राप्त करना हो, या सर्दियों में धन का संरक्षण करना हो, प्रत्येक चरण मूल्यवान सबक प्रदान करता है। समृद्ध जीवन की कुंजी इन चक्रों को समझने और हर चरण पर विचारशील, सुनियोजित निर्णय लेने में निहित है।

अध्याय से मुख्य बातें:

1. जीवन और वित्तीय चक्रों को पहचानने से बेहतर योजना बनाने में मदद मिलती है

जिस तरह प्रकृति अलग-अलग मौसमों में चलती है, उसी तरह जीवन और निवेश विकास, विस्तार, पुरस्कार प्राप्त करने और संरक्षण के चक्र का पालन करते हैं। इन पैटर्न को

समझने से व्यक्तियों को रणनीतिक निर्णय लेने की अनुमति मिलती है जो उनके जीवन चरणों और वित्तीय लक्ष्यों के अनुरूप होते हैं।

2. वसंत: सीखने, निवेश करने और नींव रखने का समय

जीवन और निवेश के शुरुआती चरण वसंत के समान होते हैं, जहां नए अवसर पैदा होते हैं, और मूलभूत कार्य महत्वपूर्ण होता है। भविष्य की वित्तीय सुरक्षा के लिए बीज बोने की तरह ही शिक्षा, कौशल-निर्माण और अनुशासित बचत आवश्यक है।

3. ग्रीष्म ऋतु: कड़ी मेहनत और धन संचय की अवधि

ग्रीष्मकालीन कैरियर विकास और वित्तीय विस्तार का प्रतिनिधित्व करता है। यह कमाई को अधिकतम करने, जोखिमों को प्रबंधित करने और दीर्घकालिक निवेश को सुनिश्चित करने का समय है। जिस तरह गर्मी की गर्मी में लचीलेपन की आवश्यकता होती है, वित्तीय बाजारों में अस्थिरता का अनुभव हो सकता है, जिसके लिए सावधानीपूर्वक जोखिम प्रबंधन की आवश्यकता होती है।

4. शरद ऋतु: पुरस्कार प्राप्त करना और रणनीतिक समायोजन करना

मध्य आयु और परिपक्व निवेश चरण शरद ऋतु का प्रतीक है - भविष्य की स्थिरता की तैयारी करते हुए पिछले प्रयासों के फल का आनंद लेने का समय। स्मार्ट वित्तीय निर्णय,

धन पुनर्वितरण और सेवानिवृत्ति योजना यह सुनिश्चित करती है कि सफलता सक्रिय कार्य वर्षों के बाद भी बनी रहे।

5. शीतकालीन: संरक्षण, विरासत और स्थिरता पर ध्यान

सेवानिवृत्ति और उसके बाद के वर्ष सर्दियों को दर्शाते हैं, जहां वित्तीय सुरक्षा और विरासत योजना को प्राथमिकता दी जाती है। जोखिमों को कम करना, निष्क्रिय आय सुनिश्चित करना, संपत्ति की योजना बनाना और अगली पीढ़ी को सलाह देना सक्रिय कार्य से परे एक आरामदायक और सार्थक जीवन सुरक्षित करने में मदद करता है।

वित्तीय निर्णयों को जीवन के प्राकृतिक चक्रों के साथ जोड़कर, व्यक्ति एक अच्छी तरह से संरचित धन प्रबंधन रणनीति बना सकते हैं जो दीर्घकालिक समृद्धि और स्थिरता सुनिश्चित करती है।

* * * * *

समय की लय

जनवरी की ठंडी धूप संकल्प जगाए,
फरवरी का प्रेम मन में उल्लास लाए।

मार्च और अप्रैल फूलों से महकते,
मई-जून में सूरज की लय चमकते।

सुनहरे खेतों में जुलाई का धन,
अगस्त में मेहनत का मिलता है वरण।

सितंबर संग पतझड़ का संदेश,
अक्टूबर में शरद की सुनहरी रेख।

नवंबर की ठंडी गोद में विश्राम,
दिसंबर में खुशियों का हो प्रस्थान।

ऋतुओं संग जीवन यूँ सवरता है,
धन, प्रेम और सपनों से निखरता है।

अध्याय 4

माउंट एवरेस्ट पर मनुष्य चढ़ता है; और बड़ी संपत्ति मनुष्य द्वारा बनाई जाती है।

माउंट एवरेस्ट, समुद्र तल से 8,848 मीटर ऊपर, पृथ्वी की सबसे ऊंची चोटी है और मानव आकांक्षा और धैर्यपूर्ण स्थिरता का प्रतीक है। 1953 में सर एडमंड हिलेरी और तेनजिंग नोर्गे की ऐतिहासिक चढ़ाई के बाद से, हजारों लोगों ने इसके शिखर तक पहुंचने का प्रयास किया है, जिनमें से प्रत्येक को कठिन चुनौतियों का सामना करना पड़ा है। एवरेस्ट की चोटी की यात्रा धन सृजन के मार्ग के समानांतर है, जहां दूरदर्शिता, दृढ़ संकल्प और रणनीतिक योजना आवश्यक है।

माउंट एवरेस्ट पर चढ़ने की चुनौतियाँ

एवरेस्ट पर चढ़ने में कई बाधाएँ आती हैं:

अत्यधिक ऊंचाई: 8,000 मीटर से ऊपर, जिसे "मृत्यु क्षेत्र" के रूप में जाना जाता है, हवा में समुद्र तल पर केवल एक तिहाई ऑक्सीजन होती है।

अप्रत्याशित मौसम: अचानक आने वाले तूफान जीवन के लिए खतरा पैदा कर सकते हैं, जिससे समय और अनुकूलनशीलता महत्वपूर्ण हो जाती है।

जोखिम भरा इलाका: पर्वतारोही बर्फबारी, दरारों और खड़ी चढ़ाई पर नेविगेट करते हैं, जिसके लिए सावधानीपूर्वक योजना और शारीरिक सहनशक्ति की आवश्यकता होती है।

इन चुनौतियों के लिए न केवल शारीरिक तैयारी बल्कि मानसिक दृढ़ता और रणनीतिक निर्णय लेने की भी आवश्यकता होती है।

एवरेस्ट पर चढ़ने और धन सृजन के बीच समानताएं

एवरेस्ट पर चढ़ने का प्रयास पर्याप्त संपत्ति बनाने की यात्रा को दर्शाता है:

दृष्टि और लक्ष्य निर्धारण: पर्वतारोही और उद्यमी दोनों एक स्पष्ट, महत्वाकांक्षी उद्देश्य के साथ शुरुआत करते हैं।

धैर्यपूर्ण स्थिरता और दृढ़ता: असफलताओं पर काबू पाना, चाहे पर्वतारोहण में हो या व्यवसाय में, सफलता के लिए आवश्यक है।

परिकलित जोखिम लेना: जोखिमों का आकलन और प्रबंधन विनाशकारी विफलताओं को रोक सकता है।

निरंतर सीखना और अनुकूलन: बदलती परिस्थितियों के अनुरूप ढलना और अनुभवों से सीखना महत्वपूर्ण है।

विश्व के सबसे धनी व्यक्तियों की प्रोफाइल

फरवरी 2025 तक, शीर्ष पांच सबसे धनी व्यक्ति स्रोत फोर्ब्स से हैं:

एलोन मस्क: $433.9 बिलियन की कुल संपत्ति के साथ, मस्क के उद्यमों में टेस्ला, स्पेसएक्स और एक्सएआई शामिल हैं। उनका निरंतर नवाचार और उद्योग में व्यवधान उनकी सफलता की कुंजी रहे हैं।

जेफ बेजोस: अमेजन के संस्थापक बेजोस ने 233.5 अरब डॉलर की संपत्ति अर्जित की है। ग्राहक अनुभव और विविधीकरण पर उनके फोकस ने अमेज़ॅन को वैश्विक प्रभुत्व के लिए प्रेरित किया है।

लैरी एलिसन: $209.7 बिलियन के साथ, एलिसन के ओरेकल कॉर्पोरेशन ने तकनीकी प्रगति के महत्व को प्रदर्शित करते हुए डेटाबेस प्रबंधन प्रणालियों में क्रांति ला दी।

मार्क जुकरबर्ग: मेटा प्लेटफॉर्म्स के सह-संस्थापक, जुकरबर्ग की $202.5 बिलियन की संपत्ति सामाजिक नेटवर्क की शक्ति पर जोर देते हुए एक जुड़ी हुई दुनिया के उनके दृष्टिकोण से उपजी है।

बर्नार्ड अरनॉल्ट और परिवार: अग्रणी एलवीएमएच, अरनॉल्ट की 168.8 बिलियन डॉलर की संपत्ति लक्जरी ब्रांडों और रणनीतिक अधिग्रहणों के मूल्य पर प्रकाश डालती है।

उनकी यात्राओं से धन सृजन के सबक

नवाचार को अपनाएं: मस्क के उद्यम दर्शाते हैं कि तकनीकी सीमाओं को आगे बढ़ाने से अभूतपूर्व सफलता मिल सकती है।

ग्राहक-केंद्रित दृष्टिकोण: ग्राहकों की संतुष्टि पर बेजोस का जोर अमेज़न के विकास की आधारशिला रहा है।

रणनीतिक जोखिम प्रबंधन: सॉफ्टवेयर विकास में एलिसन के परिकलित जोखिम सूचित निर्णय लेने के महत्व को रेखांकित करते हैं।

दूरदर्शी सोच: सोशल मीडिया की क्षमता में ज़ुकरबर्ग की दूरदर्शिता ने वैश्विक संचार को बदल दिया।

विरासत और ब्रांड मूल्य का लाभ उठाना: लक्जरी ब्रांडों पर अरनॉल्ट का ध्यान गुणवत्ता और परंपरा के स्थायी मूल्य को दर्शाता है।

भारत के सबसे धनी व्यक्ति और उनकी यात्राएँ

भारत ने, अपनी तेजी से बढ़ती अर्थव्यवस्था के साथ, कई अरबपतियों को जन्म दिया है जिनकी यात्राएँ धन सृजन में मूल्यवान अंतर्दृष्टि प्रदान करती हैं। जनवरी 2025 तक, शीर्ष पांच सबसे अमीर भारतीय स्रोत फोर्ब्स से हैं:

मुकेश अंबानी: रिलायंस इंडस्ट्रीज के अध्यक्ष, अंबानी की कुल संपत्ति 119.5 बिलियन डॉलर है। उनके नेतृत्व में, रिलायंस ने विविधीकरण और नवाचार पर जोर देते हुए पेट्रोकेमिकल्स से दूरसंचार और खुदरा तक विस्तार किया।

गौतम अदानी: अदानी समूह के संस्थापक, अदानी की कुल संपत्ति 116 बिलियन डॉलर है। एक कमोडिटी व्यापारी के रूप में शुरुआत करते हुए, उन्होंने रणनीतिक विस्तार के महत्व पर प्रकाश डालते हुए बुनियादी ढांचे, ऊर्जा और लॉजिस्टिक्स में कदम रखा।

सावित्री जिंदल और परिवार: $43.7 बिलियन की कुल संपत्ति के साथ, जिंदल परिवार की संपत्ति इस्पात उत्पादन में अग्रणी ओ.पी. जिंदल समूह से आती है। उनकी सफलता औद्योगिक कौशल और उत्तराधिकार योजना के मूल्य को रेखांकित करती है।

शिव नादर: एचसीएल टेक्नोलॉजीज के संस्थापक, नादर की कुल संपत्ति 40.2 बिलियन डॉलर है। सूचना प्रौद्योगिकी सेवाओं और उत्पादों पर उनका ध्यान धन सृजन में तकनीकी उद्योग की क्षमता को दर्शाता है।

दिलीप सांघवी: $29.8 बिलियन के साथ, सांघवी ने फार्मास्युटिकल क्षेत्र और रणनीतिक अधिग्रहण के महत्व पर जोर देते हुए सन फार्मास्युटिकल इंडस्ट्रीज की स्थापना की।

भारतीय अरबपतियों से धन सृजन के सबक

विविधीकरण और नवाचार: विभिन्न क्षेत्रों में अंबानी का विस्तार विविधीकरण और नई प्रौद्योगिकियों को अपनाने के लाभों को दर्शाता है।

रणनीतिक विस्तार: व्यापार से बुनियादी ढांचे के विकास तक अडानी की यात्रा विकास के अवसरों को जब्त करने के महत्व पर प्रकाश डालती है।

औद्योगिक कौशल: स्टील जैसे मुख्य उद्योगों पर जिंदल परिवार का ध्यान विशेषज्ञता और परिचालन उत्कृष्टता के मूल्य को दर्शाता है।

प्रौद्योगिकी को अपनाना: एचसीएल टेक्नोलॉजीज के साथ नाडार की सफलता आईटी क्षेत्र की क्षमता और निरंतर नवाचार को रेखांकित करती है।

रणनीतिक अधिग्रहण: फार्मास्युटिकल उद्योग में अधिग्रहण के माध्यम से सांघवी की वृद्धि रणनीतिक निवेश के महत्व पर प्रकाश डालती है।

<u>अध्याय से मुख्य बातें:</u>

1. दूरदर्शिता और रणनीतिक योजना: सफलता, चाहे एवरेस्ट फतह में हो या धन सृजन में, एक स्पष्ट लक्ष्य और एक अच्छी तरह से परिभाषित रणनीति से शुरू होती है।

2. धैर्यपूर्ण स्थिरता और जोखिम प्रबंधन: दीर्घकालिक सफलता के लिए असफलताओं पर काबू पाना, जोखिमों का प्रबंधन करना और चुनौतियों का सामना करना महत्वपूर्ण है।

3. विविधीकरण और नवाचार: नए क्षेत्रों में विस्तार और तकनीकी प्रगति को अपनाने से सतत विकास होता है।

4. निरंतर सीखना और अनुकूलन: सूचित रहना, बदलती परिस्थितियों के साथ विकसित होना और रणनीतियों को परिष्कृत करने से स्थायी सफलता मिलती है।

5. सहनशक्ति और दृढ़ता: चाहे व्यवसाय हो या पर्वतारोहण, महानता हासिल करने के लिए निरंतर प्रयास, दृढ़ता और सोच-समझकर लिए गए निर्णय आवश्यक हैं।

* * * * *

बढ़ती संपत्ति: प्रकृति से प्रेरित

एवरेस्ट खड़ा है अडिग, विशाल, अटल,
तूफानों के बीच भी पर्वतारोही बढ़ते सफल।

वैसे ही धन की चोटी तक पहुँचना आसान नहीं,
धैर्य, परिश्रम और समय से बढ़ती है नींव सही।

प्रकृति सिखाती है संतुलन और प्रवाह,
धन भी तभी बढ़े जब हो उचित राह।

जैसे पर्वतारोहियों को चाहिए सही उपकरण,
वैसे ही धन के लिए ज्ञान है सबसे बड़ा वरदान।

संरक्षण, समझ और सही दिशा अपनाओ,
धन के शिखर पर चढ़कर समृद्धि को पाओ।

धरती से सीखो, प्रकृति से जानो,
क्योंकि इसका ज्ञान अनमोल खजाना मानो।

अध्याय 5

बगीचे में अपने पौधे को बुद्धिमानी से चुनें और धन के स्रोत

बागवानी और धन सृजन में अद्भुत समानताएँ हैं। फलदायी परिणाम प्राप्त करने के लिए दोनों को धैर्य, योजना और तत्वों के सही चयन की आवश्यकता होती है। अपने बगीचे के लिए सही पौधों का चयन करना उतना ही महत्वपूर्ण है जितना कि धन सृजन के लिए सही रास्ते का चयन करना। एक सुव्यवस्थित उद्यान पर्यावरण को बेहतर बनाता है, मानसिक स्वास्थ्य में सुधार करता है और भोजन, छाया और सुंदरता प्रदान करता है। इसी तरह, अच्छे वित्तीय निर्णय समृद्धि की ओर ले जाते हैं, जबकि खराब विकल्प वित्तीय बर्बादी का कारण बन सकते हैं।

यह नोट विभिन्न धन सृजन और विनाश के तरीकों के साथ समानताएं चित्रित करने से पहले एक बगीचे के लिए सही पौधों के चयन के महत्व की पड़ताल करता है - कुछ पेड़ों, फलों और फूलों के सकारात्मक और नकारात्मक दोनों पहलुओं पर प्रकाश डालता है।

1. अपने बगीचे के लिए सही पौधे चुनना

आप अपने बगीचे के लिए जो पेड़-पौधे चुनते हैं, वे आपके लक्ष्यों के अनुरूप होने चाहिए। कुछ पेड़ पौष्टिक फल देते हैं, कुछ सुगंधित फूल देते हैं, जबकि कुछ समय के साथ परेशानी का सबब बन सकते हैं। आइए विभिन्न पौधों के सकारात्मक और नकारात्मक दोनों पहलुओं का पता लगाएं।

A. बगीचे के लिए सकारात्मक विकल्प

आम का पेड़

लाभ: विटामिन से भरपूर स्वादिष्ट, पौष्टिक फल पैदा करता है। छाया प्रदान करता है, ऑक्सीजन का स्तर बढ़ाता है, और सुंदरता बढ़ाता है।

विचार: ठीक से बढ़ने के लिए गर्म जलवायु और जगह की आवश्यकता होती है।

नारियल का पेड़

लाभ: खाने योग्य फल, पानी और तेल वाला बहुउद्देशीय पेड़। प्रचुरता और समृद्धि का प्रतीक.

विचार: पर्याप्त पानी और उष्णकटिबंधीय परिस्थितियों की आवश्यकता है।

नीम का पेड़

लाभ: औषधीय गुण, प्राकृतिक कीटनाशक, वायु शोधक।

विचार: कड़वा फल, खाने योग्य उपयोग के लिए आदर्श नहीं है, लेकिन पर्यावरणीय स्वास्थ्य के लिए मूल्यवान है।

नींबू का पेड़

लाभ: विटामिन से भरपूर फलों का उत्पादन करता है, जिनका उपयोग पाक और औषधीय अनुप्रयोगों में किया जाता है। कॉम्पैक्ट और विकसित करने में आसान।

विचार: सूरज की रोशनी और कीटों से सुरक्षा की आवश्यकता है।

गुलाब का पौधा

लाभ: खुशबू वाले सुंदर फूल, प्यार और सकारात्मकता का प्रतीक। सौंदर्य प्रसाधन और इत्र में उपयोग किया जाता है।

विचार: कांटों से चोट लग सकती है और पौधों को रखरखाव की आवश्यकता होती है।

बाँस

लाभ: तेजी से बढ़ने वाला, ऑक्सीजन प्रदान करने वाला, निर्माण और सजावट में उपयोग किया जाता है। कुछ संस्कृतियों में समृद्धि लाता है।

विचार: यदि प्रबंधन न किया गया तो यह आक्रामक रूप से फैल सकता है।

B. बगीचे के लिए नकारात्मक विकल्प

नीलगिरी का पेड़

नकारात्मक पक्ष: बड़ी मात्रा में पानी को अवशोषित करता है, जिससे यह शुष्क क्षेत्रों के लिए अनुपयुक्त हो जाता है। मिट्टी के पोषक तत्व ख़त्म हो सकते हैं।

कपास का पेड़

नकारात्मक पक्ष: अत्यधिक फाइबर को बहा देता है, जिससे रखरखाव संबंधी समस्याएं पैदा होती हैं। शहरी क्षेत्रों के लिए आदर्श नहीं है।

चीड़ के पेड़

नकारात्मक पक्ष: अम्लीय सुइयां मिट्टी की गुणवत्ता को प्रभावित कर सकती हैं, और गिरे हुए पाइन शंकुओं को नियमित सफाई की आवश्यकता होती है।

धतूरा

नकारात्मक पक्ष: जहरीला पौधा, हालांकि इसके औषधीय उपयोग हैं, लेकिन अगर गलती से निगल लिया जाए तो यह हानिकारक हो सकता है।

बागवानी विकल्पों पर निष्कर्ष

एक सुव्यवस्थित उद्यान सुंदरता बढ़ाता है, ताजी हवा प्रदान करता है और स्थिरता में योगदान देता है। इसी तरह, ख़राब

विकल्प समस्याएँ पैदा कर सकते हैं, जिन्हें बनाए रखने के लिए मूल्य से अधिक प्रयास की आवश्यकता होती है।

2. धन सृजन और विनाश के स्रोत

बागवानी की तरह, धन-निर्माण सावधानीपूर्वक योजना और बुद्धिमान विकल्पों पर निर्भर करता है। कुछ रास्ते दीर्घकालिक समृद्धि पैदा करते हैं, जबकि अन्य वित्तीय परेशानी का कारण बनते हैं।

A. सकारात्मक धन सृजन के रास्ते

स्टॉक में निवेश

लाभ: समय के साथ उच्च रिटर्न की संभावना।

विचार: बाजार के उतार-चढ़ाव से निपटने के लिए ज्ञान और धैर्य की आवश्यकता है।

रियल एस्टेट निवेश

लाभ: संपत्ति के मूल्य, किराये की आय और संपत्ति सुरक्षा में वृद्धि।

विचार: प्रारंभिक पूंजी, बाजार अनुसंधान और उचित रखरखाव की आवश्यकता है।

उद्यमिता और व्यवसाय

लाभ: धन, रोजगार सृजन और आर्थिक प्रभाव की उच्च संभावना।

विचार: जोखिम लेने, नवप्रवर्तन और निरंतर प्रयास की आवश्यकता है।

म्युचुअल फंड और ईटीएफ

लाभ: पेशेवर प्रबंधन के साथ विविध निवेश।

विचार: बाजार जोखिम और फंड प्रबंधन शुल्क।

सोना और कीमती धातुएँ

लाभ: मुद्रास्फीति और आर्थिक अस्थिरता से बचाव।

विचार: मूल्य में उतार-चढ़ाव और भंडारण संबंधी चिंताएँ।

बौद्धिक संपदा और डिजिटल संपत्ति

लाभ: पुस्तकों, संगीत, पेटेंट और ऑनलाइन व्यवसायों के माध्यम से निष्क्रिय आय।

विचार: रचनात्मकता, कॉपीराइट सुरक्षा और बाज़ार की मांग की आवश्यकता है।

शिक्षा एवं कौशल विकास

लाभ: उच्च कमाई की संभावना और करियर में वृद्धि।

विचार: समय, प्रयास और वित्तीय निवेश की आवश्यकता है।

B. नकारात्मक धन विनाश के रास्ते

जुआ और सट्टा

नकारात्मक पक्ष: परिणामों पर कम नियंत्रण के साथ हानि का उच्च जोखिम।

अनियोजित ऋण और ऋण

नकारात्मक पक्ष: यदि ठीक से प्रबंधन न किया जाए तो वित्तीय बोझ पड़ता है।

पोंजी योजनाएं और धोखाधड़ी वाले निवेश

नकारात्मक पक्ष: घोटालों और धोखाधड़ी वाली योजनाओं के कारण पूंजी की हानि।

अतिउपभोग और जीवनशैली मुद्रास्फीति

नकारात्मक पक्ष: आय से अधिक खर्च करने से वित्तीय तनाव होता है।

वित्तीय योजना का अभाव

नकारात्मक पक्ष: खराब बचत और निवेश की आदतें अस्थिरता का कारण बनती हैं।

धन विकल्पों पर निष्कर्ष

जिस प्रकार ग़लत पौधा चुनने से बगीचा बर्बाद हो सकता है, उसी प्रकार ख़राब वित्तीय निर्णय धन को नष्ट कर सकते हैं।

रणनीतिक योजना, शिक्षा और अनुशासित निवेश एक स्थिर वित्तीय भविष्य बनाने में मदद करते हैं।

अंतिम विचार

बागवानी और धन-निर्माण दोनों के लिए दूरदर्शिता और धैर्य की आवश्यकता होती है। एक अच्छी तरह से चुना गया पौधा एक बगीचे को बढ़ाता है, जैसे एक अच्छी तरह से नियोजित निवेश वित्तीय सुरक्षा सुनिश्चित करता है। प्रत्येक विकल्प की सकारात्मकता और नकारात्मकता को समझने से दोनों क्षेत्रों में दीर्घकालिक लाभ मिलते हैं।

अध्याय से मुख्य बातें:

1. स्वस्थ बगीचे के लिए पौधों का चयन बुद्धिमानी से करें - दीर्घकालिक लाभ वाले पेड़-पौधों, जैसे फल देने वाले या औषधीय पौधों का चयन, बगीचे की सुंदरता और स्थिरता को बढ़ाता है। आक्रामक जड़ों वाले या अत्यधिक रखरखाव की आवश्यकता वाले पौधों से बचें।

2. अच्छे निवेश से दीर्घकालिक पुरस्कार मिलते हैं - धन सृजन के लिए स्टॉक, रियल एस्टेट, म्यूचुअल फंड और व्यवसायों में रणनीतिक निवेश की आवश्यकता होती है, जैसे एक अच्छी तरह से नियोजित उद्यान सही पौधों के साथ पनपता है।

3. धन बर्बाद करने वाले विकल्पों से बचें - जिस तरह कुछ पेड़ मिट्टी और संसाधनों को नुकसान पहुंचाते

हैं, उसी तरह अत्यधिक कर्ज, जुआ और घोटाले जैसी वित्तीय गलतियां समय के साथ धन को खत्म कर सकती हैं।

4. विविधीकरण स्थिरता सुनिश्चित करता है - बगीचे में विभिन्न पौधों का संतुलित मिश्रण पारिस्थितिक स्वास्थ्य का समर्थन करता है, जैसे विविध निवेश वित्तीय जोखिमों को कम करता है और स्थिर विकास को बढ़ावा देता है।

5. धैर्य और योजना से विकास होता है - चाहे बगीचे की खेती करना हो या धन का निर्माण करना हो, सफलता सावधानीपूर्वक योजना, निरंतर सीखने और दीर्घकालिक प्रतिबद्धता के साथ आती है।

* * * * *

बुद्धिमानी से पौधे लगाएं, धन को मजबूती से बढ़ाएं

पौधे लगाना आसान नहीं, समझदारी इसमें लगती है,
कुछ तेज़ बढ़ते, पर जल्दी सूखते, कुछ जड़ें जमाती मज़बूती है।

धन भी वैसा ही होता है, सोच-समझकर लगाना,
जल्दी मुनाफ़े की चाह में, भविष्य को मत गँवाना।

मेहनत और धैर्य के बीज अगर सही समय पर बोएंगे,
तो सफलता और संपत्ति के हरे-भरे वृक्ष उग आएंगे।

जोश में आकर सबकुछ मत लगाना, सोचो, ठहरो, समझो,
मिट्टी कैसी है, मौसम कैसा है, पहले यह पहचानो।

बुद्धिमान माली वही, जो देखभाल से बाग़ सजाए,
वैसे ही धन वही बढ़ता, जो सही जगह लगाया जाए।

छोटे-छोटे अच्छे फैसले, बड़ा फल दे जाते हैं,
धैर्य से जो आगे बढ़ते, सच्ची समृद्धि पाते हैं।

अध्याय 6

पृथ्वी गोल है - इतिहास बार-बार दोहराया जाता है

जीवन, बाज़ार और धन सृजन पर पाठ

इतिहास ऐसे पैटर्न से भरा पड़ा है जो खुद को दोहराते हैं। जैसे नाविकों ने एक बार क्षितिज पर गायब हो रहे जहाजों को देखकर साबित कर दिया था कि पृथ्वी गोल है, इतिहास, बाजार और धन सृजन ऐसे चक्रों का पालन करते हैं जो समान आवर्ती सत्य को प्रदर्शित करते हैं। जो पहले हुआ है वह फिर से घटित होने की संभावना है, भले ही अलग-अलग रूपों में। जीवन और व्यवसाय में बेहतर निर्णय लेने के लिए इन पैटर्न को पहचानना और उनसे सीखना महत्वपूर्ण है।

यह पाठ बताता है कि जीवन के विभिन्न पहलुओं, वित्तीय बाजारों और धन सृजन में इतिहास खुद को कैसे दोहराता है। हम इन चक्रों के सकारात्मक और नकारात्मक दोनों पहलुओं का विश्लेषण करेंगे और भविष्य को अधिक प्रभावी ढंग से आगे बढ़ाने के लिए हम इन पाठों को कैसे लागू कर सकते हैं।

इतिहास और जीवन के चक्र

पूरे इतिहास में, सभ्यताओं का उत्थान और पतन चक्रों में हुआ है। समाजों ने नवप्रवर्तन, विकास, गिरावट और पुनर्जन्म के दौर का अनुभव किया है। यही बात मानव जीवन पर भी लागू होती है - हम उतार-चढ़ाव, प्रगति और असफलताओं, विजय और असफलताओं का अनुभव करते हैं।

इतिहास से उदाहरण:

रोम का पतन और आधुनिक समानताएँ

रोम का पतन आर्थिक अस्थिरता, अतिविस्तार, भ्रष्टाचार और बाहरी खतरों के कारण हुआ।

इसी तरह के पैटर्न ब्रिटिश साम्राज्य जैसे महान साम्राज्यों के पतन और आधुनिक महाशक्तियों के सामने आने वाली चुनौतियों में देखे जा सकते हैं।

ज्ञान का पुनर्जागरण और पुनर्जन्म

अंधकार युग के बाद, यूरोप ने प्राचीन ज्ञान को फिर से खोजा, जिससे कला, विज्ञान और व्यापार में बड़े पैमाने पर प्रगति हुई।

आज, हम प्रौद्योगिकी और नवाचार में एआई क्रांति जैसे समान पुनर्जागरण देख रहे हैं।

जीवन के लिए सबक:

कठिनाई के दौर के बाद अक्सर विकास और अवसर आते हैं।

ऐतिहासिक पैटर्न को समझने से हमें चुनौतियों का अनुमान लगाने और बेहतर तैयारी करने में मदद मिलती है।

बाज़ार चक्र - तेजी, मंदी और रिकवरी

वित्तीय बाज़ार यादृच्छिक नहीं हैं; वे तेजी, मंदी और सुधार के पूर्वानुमानित चक्रों का पालन करते हैं। इन चक्रों को समझना निवेश संबंधी निर्णय लेने के लिए महत्वपूर्ण है।

ऐतिहासिक बाज़ार चक्र:

महामंदी (1929-1939) और 2008 वित्तीय संकट

दोनों ही अत्यधिक जोखिम लेने, सट्टेबाजी और कमजोर विनियमन के कारण उत्पन्न हुए थे।

प्रत्येक दुर्घटना के बाद, अर्थव्यवस्थाएँ अंततः उबर गईं, अक्सर मजबूत होकर उभरीं।

डॉट-कॉम बबल (1990) और क्रिप्टोकरेंसी क्रैश

इंटरनेट बूम के कारण अत्यधिक मूल्यांकन हुआ, जिसके बाद बाजार में गिरावट आई।

क्रिप्टोकरेंसी ने अत्यधिक उतार-चढ़ाव के साथ एक समान पैटर्न का पालन किया है।

निवेशकों के लिए सबक:

प्रत्येक उछाल के बाद मंदी आती है; अति आत्मविश्वास खतरनाक हो सकता है।

जो लोग मंदी के दौरान तैयार रहते हैं और समझदारी से निवेश करते हैं वे अक्सर अमीर बन जाते हैं।

चक्रों को समझने से निवेशकों को कम कीमत पर खरीदारी करने और अधिक कीमत पर बेचने की अनुमति मिलती है।

धन सृजन चक्र - धन से धन और धन तक

धन सृजन भी चक्रीय है। कई परिवार और व्यवसाय गरीबी से समृद्धि की ओर बढ़ते हैं, और पीढ़ियों के बाद अपनी संपत्ति खो देते हैं।

धन चक्र के उदाहरण:

वेंडरबिल्ट परिवार

कॉर्नेलियस वेंडरबिल्ट ने शिपिंग और रेलमार्गों में अपार संपत्ति बनाई।

तीसरी पीढ़ी तक, परिवार की अधिकांश संपत्ति बर्बाद हो चुकी थी।

सिलिकॉन वैली के स्व-निर्मित अरबपति

एलोन मस्क और जेफ बेजोस जैसे टेक उद्यमियों ने छोटी शुरुआत की और साम्राज्य बनाए।

कुछ तकनीकी भाग्य बाजार चक्रों और आर्थिक बदलावों के कारण पहले से ही चुनौतियों का सामना कर रहे हैं।

<u>धन सृजन के लिए ध्यान देने योग्य बातें:</u>

धन निर्माण के लिए दूरदर्शिता, अनुशासन और कड़ी मेहनत की आवश्यकता होती है।

धन के संरक्षण के लिए सावधानीपूर्वक योजना, शिक्षा और दीर्घकालिक सोच की आवश्यकता होती है।

अनुशासन की कमी, पात्रता या कुप्रबंधन के कारण कई भाग्य नष्ट हो जाते हैं।

<u>इतिहास के खुद को दोहराने का सकारात्मक पक्ष</u>

हालांकि इतिहास को दोहराना नकारात्मक लग सकता है, लेकिन इसका मतलब यह भी है कि अवसर बार-बार आते हैं।

सकारात्मक चक्र:

नवाचार और आर्थिक विकास

मंदी के बावजूद, मानव नवाचार हमेशा नए उद्योगों को प्रेरित करता है।

भाप इंजन, इंटरनेट और कृत्रिम बुद्धिमत्ता के आविष्कार ने नए आर्थिक उछाल पैदा किए हैं।

दूसरे अवसर की शक्ति

इतिहास हमें सिखाता है कि असफलता अंतिम नहीं होती।

कई सफल उद्यमी महानता हासिल करने से पहले असफल हो गए (उदाहरण के लिए, स्टीव जॉब्स, थॉमस एडिसन)।

इन चक्रों से कैसे लाभ उठाएं:

सूचित और अनुकूलनशील रहें।

मंदी को आपदा के बजाय अवसर के रूप में पहचानें।

पिछली गलतियों से सीखें और लगातार सुधार करें।

इतिहास के खुद को दोहराने का नकारात्मक पक्ष

दुर्भाग्य से, जब लोग इतिहास से सीखने में असफल होते हैं तो नकारात्मक चक्र भी दोहराते हैं।

नकारात्मक चक्र:

लालच और सट्टेबाजी के कारण आर्थिक दुर्घटनाएँ

प्रत्येक वित्तीय संकट को लालच, सट्टेबाजी और जोखिम की अनदेखी से बढ़ावा मिला है।

युद्ध और राजनीतिक अस्थिरता

दुनिया ने बार-बार राष्ट्रवाद, आर्थिक संघर्ष और राजनीतिक सत्ता के खेल से उत्पन्न संघर्षों को देखा है।

चेतावनियों को नजरअंदाज करना और वही गलतियाँ करना

कई कंपनियाँ विफल हो जाती हैं क्योंकि वे अनुकूलन करने से इनकार कर देती हैं (उदाहरण के लिए, ब्लॉकबस्टर, कोडक)।

नकारात्मक चक्रों से कैसे बचें:

पिछली गलतियों से बचने के लिए इतिहास का अध्ययन करें।

निवेश और व्यापार में अनुशासित रहें।

अल्पकालिक लाभ के बजाय दीर्घकालिक सोच पर ध्यान दें।

निष्कर्ष: बेहतर भविष्य को आकार देने के लिए इतिहास से सीखना

पृथ्वी गोल है, और इतिहास चक्रों में चलता है, चुनौतियाँ और अवसर दोनों लाता है। जीवन, बाज़ार और धन सृजन में इन दोहराए जाने वाले पैटर्न को समझने से हमें बेहतर निर्णय लेने और सामान्य नुकसान से बचने की अनुमति मिलती है।

<u>**अंतिम पाठ:**</u>

यह स्वीकार करें कि उतार-चढ़ाव स्वाभाविक हैं और उसी के अनुसार तैयारी करें।

बेहतर जीवन और वित्तीय निर्णय लेने के लिए इतिहास को एक मार्गदर्शक के रूप में उपयोग करें।

मंदी के दौरान अवसरों को पहचानें और तेजी के दौरान अत्यधिक लालच से बचें।

इन पाठों को लागू करके, हम विनाशकारी चक्रों में फंसने के बजाय दीर्घकालिक सफलता सुनिश्चित करते हुए, जीवन और व्यवसाय को अधिक प्रभावी ढंग से आगे बढ़ा सकते हैं।

<u>**अध्याय से मुख्य बातें:**</u>

1. इतिहास चक्रों में चलता है - जीवन, बाज़ार और धन वृद्धि, गिरावट और पुनर्प्राप्ति के दोहराव वाले पैटर्न का पालन करते हैं। इन चक्रों को पहचानने से हमें बेहतर निर्णय लेने में मदद मिलती है।

2. तेजी के बाद हमेशा गिरावट आती है - वित्तीय बाजार और अर्थव्यवस्थाएं उतार-चढ़ाव का अनुभव करती हैं। स्मार्ट निवेशक मंदी के लिए तैयारी करते हैं और रिकवरी पर पूंजी लगाते हैं।

3. धन सृजन के लिए अनुशासन की आवश्यकता है - धन बनाना कठिन है, लेकिन इसे बनाए रखना और

भी कठिन है। कुप्रबंधन और दीर्घकालिक दृष्टि की कमी के कारण कई भाग्य नष्ट हो जाते हैं।

4. अवसर हमेशा लौटते हैं - हर संकट नए अवसर लाता है। नवाचार और मानव लचीलापन असफलताओं के बाद भी नए उद्योग और धन का निर्माण करते हैं।

5. गलतियों से बचने के लिए इतिहास से सीखें - कई असफलताएँ इसलिए होती हैं क्योंकि लोग पिछले पाठों को नज़रअंदाज कर देते हैं। इतिहास का अध्ययन हमें जीवन, व्यवसाय और निवेश में बार-बार होने वाली गलतियों से बचने में मदद करता है।

* * * * *

पृथ्वी घूमती है, धन लौटता है

पृथ्वी अपनी धुरी पर घूमती, रात और दिन बदलते हैं,
वैसे ही धन का चक्र चलता, हालात नए निकलते हैं।

कभी बाढ़ें छीन लेती सबकुछ, कभी धरती सूखी रह जाती,
वैसे ही कभी धन बरसता, कभी मुट्ठी से फिसल जाता।

लालच जब हावी होता, बुलबुले बनते और फूटते हैं,
ट्यूलिप मेनिया, स्टॉक के जाल, सपने पल में टूटते हैं।

साल बदलते, ऋतुएँ लौटतीं, हर दौर फिर से आता है,
वैसे ही मंदी और तेजी का खेल, बार-बार दोहराता है।

प्रकृति सिखाती संतुलन रखना, ना अति का मोह लगाना,
धैर्य, समझदारी से चलोगे, तो धन भी लौटकर आना।

समय के साथ जो सीखे, वही असली विजेता है,
पृथ्वी हो या दौलत का खेल, सब कुछ चक्रीय डेटा है।

पेशेवरों और सलाहकारों का सम्मान करें - उनके पास चीजों को अलग तरह से देखने की तीसरी आंख हो सकती है

<u>परिचय</u>

सलाहकार और पेशेवर वर्षों का अनुभव और ज्ञान लाते हैं जो उन्हें चीजों को एक अलग दृष्टिकोण से देखने की अनुमति देता है, जैसे कि "तीसरी आंख" - सामान्य से परे एक दृष्टि। उनकी सलाह चुनौतियों से निपटने, गलतियों से बचने और उन अवसरों का लाभ उठाने में मदद कर सकती है जो तुरंत दिखाई नहीं दे सकते हैं। पूरे इतिहास में, महाभारत और रामायण जैसे प्राचीन महाकाव्यों से लेकर आधुनिक खेल और धन प्रबंधन तक, जो लोग अपने गुरुओं का सम्मान करते थे, उन्होंने अक्सर महानता हासिल की, जबकि जिन्होंने बुद्धिमान सलाह की अनदेखी की, उन्हें पतन का सामना करना पड़ा।

महाभारत में गुरुओं की भूमिका

1. द्रोणाचार्य और अर्जुन - एक गुरु के प्रति समर्पण की शक्ति

युद्धकला में निपुण द्रोणाचार्य ने अर्जुन में असाधारण क्षमता देखी और उसे अपने समय का सबसे महान धनुर्धर बनने के लिए निर्देशित किया। अन्य छात्रों के होने के बावजूद, द्रोण का अर्जुन पर विशेष ध्यान उसके समर्पण और अपने गुरु के प्रति सम्मान के कारण था।

परिस्थिति:

एक प्रशिक्षण सत्र के दौरान, द्रोण ने एक पेड़ पर एक लकड़ी का पक्षी रखा और प्रत्येक छात्र से उसकी आंख पर निशाना लगाने को कहा। उन्हें तीर चलाने की अनुमति देने से पहले, उन्होंने पूछा कि उन्होंने क्या देखा। अधिकांश ने पेड़, पक्षी या आसपास के वातावरण का वर्णन किया। केवल अर्जुन ने कहा, "मुझे केवल पक्षी की आँख दिखाई देती है।" दृष्टि की यह स्पष्टता उनके प्रशिक्षण और उनके गुरु के तरीकों पर विश्वास के कारण थी।

धन सृजन और प्रबंधन के लिए पाठ:

वित्तीय नियोजन में, सफलता उन लोगों को मिलती है जो अनुभवी पेशेवरों के मार्गदर्शन पर ध्यान केंद्रित करते हैं और सुनते हैं। जैसे अर्जुन विचलित नहीं हुए, वैसे ही एक निवेशक

जो वित्तीय सलाहकारों की सुनियोजित रणनीति का पालन करता है, वह बाजार के शोर से गुमराह हुए बिना धन हासिल कर सकता है।

2. अर्जुन को कृष्ण का मार्गदर्शन - परम परामर्श के रूप में भगवद गीता

कुरुक्षेत्र युद्ध के दौरान, अर्जुन भ्रमित थे और भावनात्मक रूप से टूट गये थे। इस महत्वपूर्ण क्षण में, उनके गुरु, कृष्ण ने भगवद गीता का खुलासा किया, जो कर्तव्य, धार्मिकता और तत्काल चुनौतियों से परे दृष्टि प्रदान करने का ज्ञान प्रदान करती है।

परिस्थिति:

अर्जुन अपने ही परिवार के सदस्यों के विरुद्ध युद्ध करने से झिझक रहे थे। कृष्ण ने, उनके दिव्य गुरु के रूप में कार्य करते हुए, समझाया कि कर्तव्य और धार्मिकता (धर्म) को भावनाओं के बजाय निर्णयों का मार्गदर्शन करना चाहिए। इस सलाह से अर्जुन को अपना ध्यान फिर से केंद्रित करने और स्पष्टता के साथ युद्ध लड़ने में मदद मिली।

व्यवसाय और निवेश के लिए सबक:

एक सफल उद्यमी या निवेशक को संदेह के क्षणों का सामना करना पड़ सकता है, जैसे बाजार दुर्घटना या व्यावसायिक संकट के दौरान। एक अच्छा गुरु स्पष्टता प्रदान करता है,

जिससे व्यक्ति को भावनात्मक रूप से कार्य करने के बजाय तार्किक, दीर्घकालिक निर्णय लेने में मदद मिलती है।

3. विदुर की धृतराष्ट्र को सलाह - अनदेखी बुद्धि विनाश की ओर ले जाती है

हस्तिनापुर के बुद्धिमान मंत्री विदुर ने राजा धृतराष्ट्र को दुर्योधन के लालच और अहंकार के खतरों के बारे में लगातार चेतावनी दी थी। हालाँकि, राजा ने इन चेतावनियों को नजरअंदाज कर दिया, जिससे उसके राजवंश का विनाश हो गया।

परिस्थिति:

विदुर ने धृतराष्ट्र को दुर्योधन को रोककर और पांडवों के साथ उचित व्यवहार करके युद्ध रोकने की सलाह दी। लेकिन पुत्र मोह में अंधे धृतराष्ट्र ने विदुर की सलाह को नजरअंदाज कर दिया। परिणामस्वरुप कौरव वंश का पूर्ण विनाश हुआ।

धन प्रबंधन के लिए पाठ:

कई निवेशक उच्च जोखिम वाले निवेश या भावनात्मक निर्णयों के प्रलोभन में आकर वित्तीय विशेषज्ञों की सलाह को नजरअंदाज कर देते हैं। जिस तरह धृतराष्ट्र के अंधेपन के कारण बर्बादी हुई, उसी तरह अच्छी वित्तीय सलाह को नजरअंदाज करने से भारी नुकसान हो सकता है।

रामायण में गुरुओं की भूमिका

1. वशिष्ठ का राम को मार्गदर्शन - बुद्धि में बल

अयोध्या के शाही गुरु, ऋषि वशिष्ठ ने युवा राम को सलाह दी, उन्हें ज्ञान, अनुशासन और नेतृत्व के लिए एक मजबूत आधार प्रदान किया।

परिस्थिति:

अपने वनवास की यात्रा शुरू करने से पहले, राम को विभिन्न कठिनाइयों का सामना करना पड़ा, लेकिन उनके गुरु की शिक्षाओं ने उन्हें शांत और संयमित रखा। विश्वासघात और अन्याय का सामना करने पर भी, राम ने अपने गुरु की शिक्षाओं का पालन करते हुए धार्मिकता (धर्म) को बरकरार रखा।

लीडर और उद्यमियों के लिए सबक:

एक महान गुरु के तहत बनाई गई मजबूत नींव लीडरो को कठिन समय के दौरान लचीला बने रहने में मदद करती है। बड़े उद्यम शुरू करने से पहले सलाह लेने वाले कारोबारी लीडर अक्सर उन लोगों की तुलना में चुनौतियों को बेहतर ढंग से संभालते हैं जो बिना तैयारी के काम करते हैं।

2. सुग्रीव को हनुमान की सलाह - सही मार्गदर्शन सफलता लाता है

वानर राजा सुग्रीव ने अपना राज्य अपने भाई बाली से खो दिया था और भय में जी रहा था। एक बुद्धिमान रणनीतिकार

और राम के भक्त हनुमान ने सुग्रीव को राम के साथ गठबंधन बनाने की सलाह दी, जिससे उनकी जीत हुई।

परिस्थिति:

सुग्रीव को बाली को हराने की राम की क्षमता पर संदेह था। हालाँकि, हनुमान ने उन्हें राम की शक्ति का आश्वासन दिया। इस सलाह को मानते हुए, सुग्रीव ने राम की मदद मांगी, और अंततः अपना राज्य वापस पा लिया।

व्यवसायों और निवेश के लिए सबक:

वित्तीय या व्यावसायिक सलाहकारों से मार्गदर्शन मांगने से ऐसे अवसर खुल सकते हैं जो अन्यथा दिखाई नहीं देते। सुग्रीव की तरह, सही सलाहकार पर भरोसा करने से सफलता मिल सकती है।

सफल खेल करियर में प्रशिक्षकों की भूमिका

1. रमाकांत आचरेकर - सचिन तेंदुलकर के कोच

सर्वकालिक महान क्रिकेटरों में से एक सचिन तेंदुलकर ने अपनी सफलता का श्रेय अपने कोच रमाकांत आचरेकर को दिया।

परिस्थिति:

आचरेकर ने युवा सचिन को घंटों अभ्यास कराया, यहां तक कि नॉटआउट रहने के इनाम के रूप में स्टंप पर एक सिक्का

भी रखा। इस अनुशासन और प्रशिक्षण ने सचिन के महान करियर को आकार दिया।

धन प्रबंधन के लिए पाठ:

खेलों में अनुशासित प्रशिक्षण की तरह, अनुशासित निवेश से दीर्घकालिक वित्तीय सफलता मिलती है। एक गुरु की वित्तीय रणनीतियों का लगातार पालन करने से धन सृजन में मदद मिलती है।

2. फिल जैक्सन - माइकल जॉर्डन और कोबे ब्रायंट के कोच

फिल जैक्सन, जो बास्केटबॉल मनोविज्ञान की गहरी समझ के लिए जाने जाते हैं, ने माइकल जॉर्डन और कोबे ब्रायंट जैसे खिलाड़ियों को दिग्गज बनने के लिए मार्गदर्शन किया।

परिस्थिति:

जैक्सन ने माइंडफुलनेस और टीम-केंद्रित रणनीतियों की शुरुआत की, जिससे जॉर्डन और ब्रायंट को अपने अहंकार को नियंत्रित करने और टीम वर्क पर ध्यान केंद्रित करने में मदद मिली, जिससे कई चैंपियनशिप हुईं।

उद्यमियों और निवेशकों के लिए सबक:

एक अच्छा गुरु धैर्य और रणनीतिक सोच सिखाता है, जो व्यवसाय और निवेश में निरंतर सफलता के लिए महत्वपूर्ण हैं।

गुरुओं का सम्मान करने से धन सृजन कैसे होता है

दीर्घकालिक दृष्टिकोण:

वॉरेन बफेट के गुरु बेंजामिन ग्राहम थे, जिन्होंने उन्हें मूल्य निवेश सिद्धांत सिखाए। इनके बाद बफेट सबसे अमीर निवेशकों में से एक बन गए।

अनुशासन और सीखना:

महान प्रशिक्षकों के अधीन प्रशिक्षण लेने वाले एथलीटों की तरह, जो निवेशक वित्तीय सलाहकारों की बात सुनते हैं और व्यवस्थित निवेश रणनीतियों का पालन करते हैं, उनकी संपत्ति लगातार बढ़ती है।

संकटों से बचना:

कई निवेशक लालच या घबराहट के कारण अपना पैसा गँवा देते हैं। जिस तरह कृष्ण ने अर्जुन का मार्गदर्शन किया, उसी तरह एक अच्छा वित्तीय सलाहकार निवेशकों को बाजार में गिरावट के दौरान शांत रहने में मदद करता है।

नेटवर्किंग और विकास:

सही पेशेवरों के आसपास रहने से धन-निर्माण के अवसर खुलते हैं, जैसे राम के साथ सुग्रीव के गठबंधन को सफलता मिली।

निष्कर्ष

इतिहास के सबसे महान दिमागों के पास, चाहे युद्ध हो, व्यवसाय हो या खेल, उनके गुरु रहे हैं जिन्होंने उनकी सफलता को आकार दिया।

अनुभवी पेशेवरों की सलाह को नजरअंदाज करने से अक्सर असफलता मिलती है, जबकि उनका सम्मान करने से विकास और स्थिरता मिलती है।

एक गुरु की "तीसरी आंख" वर्तमान से परे देखने की उनकी क्षमता है, जो उनके शिष्यों को सफलता की ओर मार्गदर्शन करती है।

चाहे वित्तीय प्रबंधन हो, व्यवसाय रणनीति हो, या व्यक्तिगत विकास हो, उन लोगों की बात सुनना जो पहले से ही इस रास्ते पर चल चुके हैं, गलतियों से बचने और महानता हासिल करने में मदद कर सकते हैं।

अध्याय से मुख्य निष्कर्ष:

1. सलाहकार वर्तमान से परे स्पष्टता और दृष्टि प्रदान करते हैं

ठीक उसी तरह जैसे कृष्ण ने भगवद गीता में अर्जुन का मार्गदर्शन किया था, महान गुरु चुनौतियों पर भावनात्मक रूप से प्रतिक्रिया करने के बजाय अपने शिष्यों को तर्कसंगत, दीर्घकालिक निर्णय लेने में मदद करते हैं।

2. पेशेवर सलाह का सम्मान करना महंगी गलतियों से बचाता है

बुद्धिमान सलाह को नज़रअंदाज़ करना, जैसे धृतराष्ट्र ने विदुर की चेतावनियों को नज़रअंदाज़ किया, अक्सर पतन की ओर ले जाता है - चाहे युद्ध में, व्यापार में, या व्यक्तिगत वित्त में। विशेषज्ञ की सलाह लेने से बड़े नुकसान से बचने में मदद मिल सकती है।

3. अनुशासन और निरंतरता महानता की ओर ले जाती है

जिस तरह सचिन तेंदुलकर की सफलता कोच रमाकांत आचरेकर के तहत अनुशासित प्रशिक्षण से आई, उसी तरह वित्तीय सफलता के लिए विशेषज्ञ मार्गदर्शन में लगातार निवेश और धैर्य की आवश्यकता होती है।

4. सही मार्गदर्शन अवसरों के द्वार खोलता है

सुग्रीव ने हनुमान की सलाह पर भरोसा करके और राम के साथ मिलकर अपना खोया राज्य वापस पा लिया। इसी तरह, व्यवसाय और धन सृजन में, सही सलाहकार ऐसे अवसर पेश कर सकते हैं जिन पर अन्यथा किसी का ध्यान नहीं जाता है।

5. रणनीतिक सोच और दीर्घकालिक दृष्टि सफलता के लिए महत्वपूर्ण हैं

वॉरेन बफेट जैसे सफल निवेशकों ने स्थायी संपत्ति बनाने के लिए अपने गुरुओं के निवेश दर्शन का पालन किया। चाहे

व्यवसाय हो, खेल हो या वित्त, जो लोग रणनीतिक सलाह का सम्मान करते हैं और उसका पालन करते हैं वे निरंतर सफलता प्राप्त करते हैं।

* * * * *

तीसरी आँख धन से परे देखती है

वृक्ष जितना ऊँचा उठता है, जड़ें उतनी गहरी फैलती हैं,
सच्चे गुरु भी वैसे ही होते हैं, शांति में गहराई रहती है।

वे समय से पहले तूफानों की आहट पहचान लेते हैं,
जैसे बादल घुमड़ते ही, धरती पहली बूँद का आभास लेती है।

धन भी एक बीज की तरह है, जिसे देखभाल की दरकार
होती है,
गलत समय पर बोया गया तो, फसल नहीं साकार होती है।

लालच जब आँखों पर पर्दा डालता, तो गुरु उसे हटा देते हैं,
वे जानते हैं कब निवेश फलदायी है, कब नुकसान बचा
लेना है।

हर किसी को मृग-मरीचिका भटकाती, पर वे सच्चाई देख
पाते हैं,
जहाँ आम लोग लाभ गिनते हैं, वे दूरगामी प्रभाव आँकते हैं।

उनकी दृष्टि को समझो, उनकी सीख को अपनाओ,
धन केवल साधन है, असली समृद्धि को पहचानो।

अध्याय 8

नदी अनेक झरनों के साथ भरी रहती है: धन संचय का एक उदाहरण

<u>परिचय</u>

प्रकृति स्थिरता, विकास और प्रचुरता पर गहन शिक्षा प्रदान करती है। ऐसा ही एक सबक नदियों के लबालब रहने के तरीके से मिलता है–कई झरनों, झरनों और सहायक नदियों से पानी प्राप्त करके। जो नदी सिर्फ एक स्रोत पर निर्भर होती है वह सूखे की चपेट में रहती है, लेकिन जो नदी कई स्रोतों से पानी प्राप्त करती है वह पूरे वर्ष जीवंत और भरी रहती है। यह प्राकृतिक घटना वित्तीय स्थिरता को प्रतिबिंबित करती है, जहां धन संचय एक स्रोत पर निर्भर रहने के बजाय कई आय धाराओं के माध्यम से सबसे अच्छा हासिल किया जाता है।

इस नोट में, हम नदियों और आय के कई स्रोतों के बीच समानताएं बनाकर वित्तीय प्रचुरता की अवधारणा का पता लगाएंगे। हम इस साद्दृश्य से प्रेरित प्रमुख धन संचय रणनीतियों की भी जांच करेंगे, जिससे यह जानकारी मिलेगी

कि कोई वित्तीय सुरक्षा और विकास कैसे सुनिश्चित कर सकता है।

1. नदी और धन: एक शक्तिशाली साद्दश्य

नदी वित्तीय स्थिरता का प्रतीक है, जबकि झरने और सहायक नदियाँ आय धाराओं का प्रतिनिधित्व करती हैं। जिस तरह एक नदी का प्रवाह कई जल स्रोतों से मजबूत होता है, उसी तरह वित्तीय सुरक्षा तब बढ़ती है जब कई आय धाराएं किसी के धन में समाहित हो जाती हैं।

एक स्रोत पर निर्भरता जोखिम भरी है: एक नदी जो एक ही स्रोत पर निर्भर होती है वह सूखे के समय सूख सकती है, ठीक उसी तरह जैसे केवल एक आय स्रोत पर निर्भर रहने वाला व्यक्ति नौकरी छूटने, व्यवसाय में विफलता या आर्थिक मंदी के प्रति संवेदनशील होता है।

विविधीकरण स्थिरता सुनिश्चित करता है: कई स्रोतों वाली एक नदी सूख जाने पर भी भरी रहती है। इसी तरह, आय के कई स्रोत होने से वित्तीय अनिश्चितताओं से बचाव होता है।

विस्तार और विकास: नदियाँ अपने प्रचुर प्रवाह के कारण भूमि का विस्तार और पोषण करती हैं, जैसे विविध धन निवेश, सुरक्षा और विकास के अवसरों को सक्षम बनाता है।

2. एकाधिक आय धाराओं का महत्व

आधुनिक वित्तीय परिदृश्य अप्रत्याशित है। केवल नौकरी या एक ही व्यवसाय पर निर्भर रहना जोखिम भरा हो सकता है। लंबी अवधि की संपत्ति के लिए आय के कई स्रोत बनाना आवश्यक है।

आय स्रोतों के प्रकार

अर्जित आय: रोजगार से वेतन या मजदूरी।

व्यावसायिक आय: उद्यमशीलता उद्यमों से लाभ।

निवेश आय: लाभांश, स्टॉक या म्यूचुअल फंड प्रशंसा, और रियल एस्टेट प्रशंसा।

निष्क्रिय आय: किराये की संपत्तियों, रॉयल्टी या ऑनलाइन व्यवसायों जैसी संपत्तियों से आय।

अवशिष्ट आय: वह कमाई जो काम पूरा होने के बाद भी जारी रहती है (उदाहरण के लिए, पुस्तक रॉयल्टी, ऑनलाइन पाठ्यक्रम)।

ब्याज आय: सावधि जमा, बांड और उधार पूंजी से रिटर्न।

जिस प्रकार एक नदी विभिन्न झरनों से पुनः भर जाती है, उसी प्रकार निरंतर धन प्रवाह सुनिश्चित करने के लिए व्यक्ति को आय के कई स्रोत रखने का लक्ष्य रखना चाहिए।

3. बड़ी नदी की ओर ले जाने वाली छोटी धाराओं की रणनीति

यहां तक कि छोटे झरने भी एक शक्तिशाली नदी में योगदान करते हैं। धन संचय में, छोटी लेकिन स्थिर आय धाराएँ, जब संयुक्त होती हैं, तो पर्याप्त वित्तीय सुरक्षा बनाती हैं।

इस रणनीति को लागू करने के चरण

छोटी लेकिन लगातार शुरुआत करें: म्यूचुअल फंड, साइड हसल या डिजिटल व्यवसाय जैसे छोटे निवेश अवसरों से शुरुआत करें।

धीरे-धीरे विविधता लाएं: एक स्रोत से दूसरे स्रोत में लाभ का पुनर्निवेश करके आय धाराओं का विस्तार करें।

स्वचालित विकास: किराये की संपत्तियों, स्वचालित ऑनलाइन व्यवसायों, या स्टॉक/म्यूचुअल फंड निवेश जैसी निष्क्रिय आय रणनीतियों का उपयोग करें जो समय के साथ बढ़ती हैं।

समय के साथ, ये छोटी-छोटी धाराएँ मिलकर धन की एक बड़ी, मजबूत नदी बन जाएँगी।

4. सतत झरने की तरह निष्क्रिय आय का निर्माण

झरना बिना किसी बाहरी प्रयास के निरंतर बहता रहता है। इसी तरह, निष्क्रिय आय को न्यूनतम निरंतर प्रयास

के साथ धन उत्पन्न करने के लिए डिज़ाइन किया जाना चाहिए।

प्रमुख निष्क्रिय आय रणनीतियाँ

रियल एस्टेट निवेश: किराये की संपत्तियां स्थिर नकदी प्रवाह प्रदान करती हैं।

शेयर बाज़ार में निवेश: लाभांश देने वाले स्टॉक अवशिष्ट आय बनाते हैं।

ऑनलाइन व्यवसाय: ई-पुस्तकें, पाठ्यक्रम और संबद्ध विपणन जैसी डिजिटल संपत्तियां निष्क्रिय आय उत्पन्न करती हैं।

बौद्धिक संपदा: पेटेंट, पुस्तकों या संगीत से रॉयल्टी प्रारंभिक प्रयास के बाद भी लंबे समय तक जारी रहती है।

लक्ष्य वित्तीय प्रवाह को निर्बाध बनाए रखने के लिए ऐसे कई "झरने" बनाना है।

5. पुनर्निवेश: नदी का आत्मनिर्भर चक्र

एक नदी सिर्फ पानी ही प्राप्त नहीं करती है - यह भूमि का पोषण करके और अन्य जल निकायों को पोषण देकर पुनर्निवेश भी करती है। इसी तरह, दीर्घकालिक विकास सुनिश्चित करने के लिए धन का पुनर्निवेश किया जाना चाहिए।

पुनर्निवेश रणनीतियाँ

कंपाउंडिंग: निवेश रिटर्न को पुनर्निवेश के माध्यम से आगे की कमाई उत्पन्न करने दें।

व्यवसाय विस्तार: एक उद्यम से प्राप्त लाभ का उपयोग दूसरे को वित्तपोषित करने के लिए करें।

शिक्षा और कौशल विकास: कमाई की क्षमता बढ़ाने के लिए आत्म-सुधार में निवेश करें।

लगातार पुनर्निवेश करके, व्यक्ति एक बढ़ती और आत्मनिर्भर वित्तीय नदी सुनिश्चित करता है।

6. जोखिम प्रबंधन: शुष्क मौसम के लिए तैयारी

यहां तक कि नदियों को भी मौसमी सूखे का सामना करना पड़ता है, लेकिन उनके कई स्रोत उन्हें जीवित रहने में मदद करते हैं। इसी तरह, वित्तीय नियोजन में जोखिमों और मंदी का ध्यान रखना चाहिए।

जोखिम प्रबंधन तकनीक

आपातकालीन निधि: तरल नकदी भंडार बनाए रखें।

बीमा: उचित बीमा पॉलिसियों के साथ संपत्ति और आय स्रोतों को सुरक्षित रखें।

विविधीकरण: घाटे को कम करने के लिए विभिन्न क्षेत्रों में निवेश फैलाएं।

जोखिम प्रबंधन यह सुनिश्चित करता है कि आर्थिक मंदी के दौरान भी वित्तीय स्थिरता बनी रहे।

7. धन प्रवाह और पीढ़ीगत समृद्धि

एक नदी न सिर्फ खुद को बल्कि अपने आस-पास की भूमि और समुदायों को भी लाभ पहुंचाती है। इसी तरह, धन का प्रबंधन इस तरह से किया जाना चाहिए जिससे आने वाली पीढ़ियों को लाभ हो।

धन संरक्षण रणनीतियाँ

संपत्ति योजना: उचित वसीयत और ट्रस्ट धन क्षरण को रोकते हैं।

वित्तीय शिक्षा: वित्तीय साक्षरता सिखाना भावी पीढ़ियों द्वारा जिम्मेदार धन प्रबंधन सुनिश्चित करता है।

परोपकार: धर्मार्थ कार्यों का समर्थन करना एक स्थायी विरासत सुनिश्चित करता है।

एक महान नदी की तरह निरंतर धन को बाद में आने वालों का पोषण करना चाहिए।

8. धनी व्यक्तियों और सफल नदियों से सबक

अमेज़ॅन नदी और जेफ बेजोस: जिस तरह अमेज़ॅन नदी को अनगिनत सहायक नदियाँ मिलती हैं, उसी तरह

Amazon.com किताबों से लेकर ई-कॉमर्स, क्लाउड कंप्यूटिंग और उससे आगे तक आय धाराओं में विविधता लाकर बढ़ी।

गंगा नदी और पारंपरिक व्यावसायिक परिवार: गंगा सभ्यताओं को कायम रखती है, जैसे पीढ़ियों से चली आ रही आय के कई स्रोत सुनिश्चित करके पीढ़ियों की संपत्ति व्यापारिक राजवंशों को कायम रखती है।

एकाधिक झरने और अरबपति: वॉरेन बफेट और एलोन मस्क जैसे अरबपतियों ने वित्तीय स्थिरता सुनिश्चित करते हुए विभिन्न क्षेत्रों में व्यवसायों में विविधता लाई है।

वास्तविक दुनिया के ये उदाहरण अनेक आय स्रोतों के महत्व को पुष्ट करते हैं।

9. कार्य योजना: अपनी खुद की वित्तीय नदी बनाना

इस सादृश्य से सबक लागू करने के लिए, इन चरणों का पालन करें:

अपने झरनों की पहचान करें: संभावित आय स्रोतों की सूची बनाएं जिन्हें आप बना सकते हैं।

छोटी शुरुआत करें, बड़े बनें: प्रबंधनीय निवेश या अतिरिक्त आय से शुरुआत करें।

निरंतरता सुनिश्चित करें: निष्क्रिय आय के लिए स्वचालित वित्तीय प्रणाली स्थापित करें।

समझदारी से पुनर्निवेश करें: अतिरिक्त राजस्व स्रोत बनाने के लिए कमाई का उपयोग करें।

जोखिम कम करें: बीमा और बचत जैसी आकस्मिक योजनाएँ रखें।

सिखाएं और साझा करें: भावी पीढ़ियों को ज्ञान और धन प्रदान करें।

इस संरचित दृष्टिकोण का पालन करके, आप एक स्थिर और बढ़ती वित्तीय नदी सुनिश्चित कर सकते हैं।

निष्कर्ष

एक नदी कई झरनों से पोषित होने पर पूर्ण और शक्तिशाली बनी रहती है, जैसे कई आय स्रोतों के माध्यम से वित्तीय सुरक्षा सुनिश्चित की जाती है। एक ही स्ट्रीम पर निर्भर रहना - चाहे नौकरी हो, व्यवसाय हो, या निवेश - जोखिम भरा है। स्थायी धन की कुंजी विविधीकरण, पुनर्निवेश और रणनीतिक जोखिम प्रबंधन है।

इन सिद्धांतों को लागू करके, कोई व्यक्ति एक ऐसी वित्तीय नदी बना सकता है जो पूर्ण, मजबूत और प्रचुर मात्रा में बनी रहे - न केवल खुद को बल्कि आने वाली पीढ़ियों को भी पोषण दे। नदी की तरह धन संचय का मतलब एक विशाल झरना ढूंढना नहीं है, बल्कि एक स्थिर, विविध और टिकाऊ प्रवाह सुनिश्चित करना है।

अध्याय से मुख्य निष्कर्ष:

1. विविधीकरण वित्तीय स्थिरता की कुंजी है

जिस तरह एक नदी कई स्रोतों से पानी प्राप्त करके भरी रहती है, उसी तरह वित्तीय सुरक्षा आय के कई स्रोत होने से आती है - अर्जित, व्यवसाय, निष्क्रिय और निवेश आय। किसी एक स्रोत पर निर्भर रहना जोखिम भरा है।

2. छोटी धाराएँ एक शक्तिशाली वित्तीय नदी का निर्माण कर सकती हैं

यहां तक कि छोटी-छोटी आय धाराएं भी संयुक्त होने पर समय के साथ महत्वपूर्ण संपत्ति बनाती हैं। अतिरिक्त हलचल, निवेश या डिजिटल संपत्ति के साथ छोटी शुरुआत करने से दीर्घकालिक वित्तीय सफलता मिल सकती है।

3. निष्क्रिय आय निरंतर धन प्रवाह सुनिश्चित करती है

झरने की तरह जो बहता रहता है, निष्क्रिय आय स्रोत (रियल एस्टेट, लाभांश, रॉयल्टी, स्वचालित व्यवसाय) निरंतर प्रयास के बिना वित्तीय सुरक्षा प्रदान करते हैं, जिससे धन संचय संभव होता है।

4. पुनर्निवेश विकास और दीर्घायु को बढ़ावा देता है

एक नदी अपने परिवेश का पोषण करके ही अपना अस्तित्व बनाए रखती है। इसी तरह, कमाई को नए अवसरों, शिक्षा या परिसंपत्ति निर्माण में पुनर्निवेशित करना निरंतर वित्तीय विस्तार और सुरक्षा सुनिश्चित करता है।

5. जोखिम प्रबंधन वित्तीय सूखे से बचाता है

नदियाँ अनेक स्रोतों के कारण शुष्क मौसम के लिए तैयारी करती हैं। इसी तरह, एक आपातकालीन निधि का निर्माण, निवेश में विविधता लाना और बीमा सुरक्षित करना धन को अप्रत्याशित गिरावट से बचाता है।

* * * * *

धन झरनों की तरह बहता है

नदी हमेशा चलती रहती, कई धाराएँ संग बहती हैं,
वैसे ही धन बढ़ता रहता, जब आय के स्रोत जुड़ते हैं।

एक झरना सूख भी जाए, तो दूसरा राह दिखाता है,
जैसे कई स्त्रोत हों जीवन में, तो धन निरंतर बढ़ता है।

वेतन, व्यापार, किराया या लाभ, सबकी अपनी भूमिका है,
एक ही राह पर निर्भर रहना, बुद्धिमानी की भूल है।

प्रकृति हमें सिखाती है, संतुलन ही असली ताकत है,
आय के झरने बहते रहें, यही संपन्नता की आदत है।

नदी कभी थमती नहीं, पर्वत से सागर तक बढ़ती है,
वैसे ही धन बहता रहे, तब ही सच्ची समृद्धि बनती है।

एक झरने पर ना ठहरो, कई राहें बनाते जाओ,
धन का प्रवाह सतत रहेगा, संपत्ति का सागर पाओ।

अध्याय 9

अपने गंतव्य तक जाने वाली उड़ान पर सवार हों

परिचय: वित्तीय योजना में उड़ान साद्दश्य

कल्पना कीजिए कि आप एक हलचल भरे हवाई अड्डे पर खड़े हैं, जो विभिन्न गंतव्यों की ओर जाने वाले यात्रियों से घिरा हुआ है। कुछ व्यावसायिक यात्राओं पर हैं, अन्य छुट्टियों पर, और कुछ जीवन बदलने वाली यात्राओं पर हैं। प्रत्येक यात्री का एक विशिष्ट लक्ष्य, एक निर्धारित यात्रा कार्यक्रम और एक सुनियोजित मार्ग होता है। वे किसी भी उड़ान में सवार नहीं होते; वे उसी पर सवार होते हैं जो उन्हें उनके चुने हुए गंतव्य तक ले जाता है।

इसी तरह, वित्तीय नियोजन में, आपकी धन यात्रा लक्ष्य-उन्मुख होनी चाहिए। आप केवल बेतरतीब ढंग से निवेश नहीं करते हैं - आप ऐसे निवेश चुनते हैं जो आपके वित्तीय लक्ष्यों के अनुरूप हों। यहीं पर लक्ष्य-आधारित वित्तीय योजना और आवश्यकता-आधारित निवेश चलन में आते हैं। जिस प्रकार एक यात्री अपने गंतव्य के आधार पर उड़ान का चयन

करता है, उसी प्रकार एक निवेशक को अपनी आवश्यकताओं, जोखिम उठाने की क्षमता और वित्तीय आकांक्षाओं के आधार पर वित्तीय साधनों का चयन करना चाहिए।

अपना वित्तीय गंतव्य निर्धारित करना

फ्लाइट बुक करने से पहले आपको यह तय करना होगा कि आप कहां जाना चाहते हैं। क्या यह समुद्र तट पर छुट्टियाँ, व्यापारिक सम्मेलन या पारिवारिक यात्रा है? इसी तरह, वित्तीय नियोजन में, आपका वित्तीय गंतव्य आपका लक्ष्य है - एक घर खरीदना, अपने बच्चे की शिक्षा के लिए बचत करना, सेवानिवृत्ति की योजना बनाना, या धन का निर्माण करना आदि।

काल्पनिक उदाहरण

एक युवा पेशेवर, राज, 10 वर्षों में एक घर खरीदने का सपना देखता है। यदि वह स्पष्ट रणनीति के बिना निवेश शुरू करता है, तो वह गलत वित्तीय रास्ते पर जा सकता है। इसके बजाय, उसे अपने लक्ष्य (अपने वित्तीय गंतव्य) को परिभाषित करने और उसके अनुसार योजना बनाने की आवश्यकता है।

सही उड़ान का चयन - लक्ष्य-आधारित योजना की भूमिका

एक बार जब आप अपना गंतव्य जान लेते हैं, तो अगला कदम सही उड़ान बुक करना होता है। आप उड़ान

विकल्प, मूल्य निर्धारण, ठहराव और यात्रा समय की जांच करते हैं। इसी तरह, लक्ष्य-आधारित वित्तीय योजना में आपकी समयसीमा, जोखिम सहनशीलता और वित्तीय आवश्यकताओं के आधार पर सही निवेश माध्यमों का चयन करना शामिल है।

काल्पनिक उदाहरण

राज के पास दो विकल्प हैं:

सीधी उड़ान लें - एक निर्धारित लक्ष्य राशि के साथ म्यूचुअल फंड एसआईपी में निवेश करना।

लेओवर के साथ उड़ान भरें - विकास और सुरक्षा को संतुलित करने के लिए स्टॉक और बॉन्ड के मिश्रण में निवेश करना।

सही निवेश योजना चुनकर, वह सुनिश्चित करता है कि वह अपने वित्तीय गंतव्य तक कुशलतापूर्वक पहुंचे।

टिकट मूल्य निर्धारण - बजट कारक

प्रत्येक उड़ान टिकट की एक कीमत होती है, और कीमत कक्षा, एयरलाइन और बुकिंग समय के आधार पर भिन्न होती है। इसी तरह, वित्तीय लक्ष्यों के लिए बजट की आवश्यकता होती है। आपको यह आकलन करने की आवश्यकता है कि आपको कितना निवेश करने की आवश्यकता है, कितनी बार और कितने समय के लिए।

काल्पनिक उदाहरण

यदि राज अपना टिकट जल्दी बुक करता है (निवेश करता है), तो लागत कम होती है (कंपाउंडिंग उसके पक्ष में काम करती है)। यदि वह बहुत लंबा इंतजार करता है, तो उसे अपने लक्ष्य तक पहुंचने के लिए अधिक राशि का निवेश करने की आवश्यकता हो सकती है।

लेओवर्स और विविधीकरण - आवश्यकता-आधारित निवेश

कुछ उड़ानें सीधी हैं, जबकि अन्य में रुक-रुक कर उड़ानें हैं। सीधी उड़ान आदर्श है, लेकिन कभी-कभी रुकना फायदेमंद हो सकता है - सस्ते टिकट या बेहतर यात्रा अनुभव। निवेश में, आवश्यकता-आधारित निवेश का अर्थ है ऐसे निवेश चुनना जो आपके जोखिम प्रोफ़ाइल और वित्तीय आवश्यकताओं से मेल खाते हों।

काल्पनिक उदाहरण

युवा होने के कारण राज कुछ जोखिम ले सकता है। वह विविधता लाता है:

इक्विटी फंड (उच्च रिटर्न, उच्च जोखिम) - दीर्घकालिक विकास के लिए उनके पोर्टफोलियो का प्रमुख हिस्सा।

डेट फंड (स्थिर रिटर्न, कम जोखिम) - सुरक्षा और स्थिरता के लिए।

सोना/आरईआईटी (वैकल्पिक संपत्ति) - मुद्रास्फीति से बचाव के लिए।

यह आगे बढ़ने से पहले एक सुरक्षित हवाई अड्डे पर रुकने जैसा है।

अप्रत्याशित अशांति - वित्तीय योजना में जोखिमों का प्रबंधन

कोई भी उड़ान पूरी तरह से सुचारू नहीं होती; अशांति अपेक्षित है. इसी तरह, वित्तीय बाज़ार में भी उतार-चढ़ाव होता रहता है। मुख्य बात जोखिम प्रबंधन और लक्ष्य पर बने रहना है।

काल्पनिक उदाहरण

बाज़ार में मंदी के दौरान, राज घबरा जाता है। लेकिन निवेश से बाहर निकलने के बजाय, वह अपने वित्तीय सलाहकार से सलाह लेते हैं, जो उन्हें आश्वस्त करता है कि अशांति (बाज़ार में सुधार) सामान्य है। समय के साथ, उसका निवेश ठीक हो जाता है और बढ़ता है।

बिजनेस क्लास में अपग्रेड करना - निवेश की समीक्षा और समायोजन करना

कभी-कभी, आपको मध्य उड़ान को अपग्रेड करने का मौका मिलता है। इसी तरह, जैसे-जैसे आय बढ़ती है, आप एसआईपी योगदान बढ़ाकर, बेहतर फंड में स्थानांतरित होकर या अपने पोर्टफोलियो को पुनर्संतुलित करके अपनी निवेश रणनीति को बढ़ा सकते हैं।

काल्पनिक उदाहरण

राज को पदोन्नति मिलती है और उसका एसआईपी योगदान बढ़ जाता है। इससे गृहस्वामी बनने की उसकी यात्रा तेज हो जाती है।

सुरक्षित रूप से उतरना - अपने वित्तीय लक्ष्य प्राप्त करना

सावधानीपूर्वक योजना बनाने के बाद, आप अंततः अपने गंतव्य पर पहुंच जाते हैं। वित्तीय नियोजन में, अपने लक्ष्य तक पहुँचने का मतलब है कि आपने अपने सपने को प्राप्त करने के लिए पर्याप्त धन जमा कर लिया है।

काल्पनिक उदाहरण

10 वर्षों के बाद, संरचित योजना और अनुशासित निवेश की बदौलत राज ने वित्तीय तनाव के बिना सफलतापूर्वक अपने सपनों का घर खरीदा।

निष्कर्ष - वित्तीय अनुशासन का महत्व

जैसे एक यात्री चेक-इन, सुरक्षा और बोर्डिंग नियमों का पालन करता है, वैसे ही एक निवेशक को वित्तीय अनुशासन-निरंतर निवेश, जोखिम प्रबंधन और समय-समय पर समीक्षा का पालन करना चाहिए।

ध्यान देने योग्य बातें

अपने वित्तीय लक्ष्य (गंतव्य) को परिभाषित करें।

सही निवेश रणनीति (उड़ान) चुनें।

जोखिमों में विविधता लाएं और उनका प्रबंधन करें (अस्थिरता और अशांति)।

आवश्यकतानुसार अपनी योजना की समीक्षा करें और उसे समायोजित करें (अपग्रेड)।

सफलता (सुरक्षित लैंडिंग) पाने के लिए अनुशासित और धैर्यवान रहें।

वित्तीय नियोजन को एक संरचित, लक्ष्य-उन्मुख दृष्टिकोण के साथ जोड़कर, आप यह सुनिश्चित करते हैं कि आप केवल लक्ष्यहीन यात्रा नहीं करते हैं - आप अपने वित्तीय गंतव्य के लिए सही उड़ान भरते हैं।

अध्याय से मुख्य बातें:

1. **अपने वित्तीय गंतव्य को परिभाषित करें** - जिस तरह आप जहां जाना चाहते हैं उसके आधार पर उड़ान चुनना, स्पष्ट वित्तीय लक्ष्य निर्धारित करें जैसे कि घर खरीदना, शिक्षा के लिए धन देना, या सेवानिवृत्ति की योजना बनाना।

2. **सही निवेश रणनीति चुनें** - ऐसे निवेश चुनें जो आपके लक्ष्यों और जोखिम सहनशीलता के अनुरूप हों, अपनी यात्रा के लिए सर्वोत्तम उड़ान विकल्प (सीधी या रुककर) चुनने के समान।

3. **विविधता लाएं और जोखिमों को प्रबंधित करें -** जिस तरह लेओवर यात्रा लागत को अनुकूलित कर सकता है, उसी तरह इक्विटी, ऋण और वैकल्पिक परिसंपत्तियों में निवेश में विविधता लाने से बाजार में उतार-चढ़ाव का प्रबंधन करते हुए स्थिरता और विकास सुनिश्चित होता है।

4. **निवेश की नियमित रूप से समीक्षा करें और समायोजित करें -** जब संभव हो तो बिजनेस क्लास में अपग्रेड करने की तरह, समय-समय पर अपनी निवेश रणनीति की समीक्षा करें और अपनी वित्तीय स्थिति में सुधार होने पर योगदान बढ़ाएं या अपने पोर्टफोलियो को पुनर्संतुलित करें।

5. **अनुशासित और धैर्यवान रहें -** बाजार में उथल-पुथल सामान्य है, लेकिन निवेश में दीर्घकालिक निरंतरता यह सुनिश्चित करती है कि आप बिना किसी अनावश्यक रुकावट के अपने वित्तीय गंतव्य तक सुरक्षित रूप से पहुंचें।

* * * * *

धन की उड़ान पर सवार हों

एक उड़ान तब ही सफल होती है, जब सही दिशा में बढ़ती है,
वैसे ही धन तभी फलता-फूलता है, जब सही राह पकड़ती है।

सही उड़ान समय पर लो, वरना मौका हाथ से जाएगा,
गलत निवेश और विलंब, बस पछतावा ही लाएगा।

एक गलत फ्लाइट मंज़िल से दूर कर सकती है,
वैसे ही गलत निर्णय, संपत्ति की वृद्धि रोक सकती है।

धन को हवा में नहीं, स्पष्ट योजना में बहने दो,
लक्ष्य तय करो, रणनीति बनाओ, और सही राह पर रहने दो।

हर उड़ान का एक गंतव्य होता है, उसे पहचानना ज़रूरी है,
धन भी साधन है, पर सही दिशा देना ज़रूरी है।

वह उड़ान चुनो जो तुम्हें समृद्धि तक ले जाए,
तब ही तुम जीवन में ऊँचाइयों को छू पाओगे।

कभी-कभी कुछ न करने से भी चीजें जीवित रह सकती हैं: जीवन, प्रकृति और धन पर एक दृष्टिकोण

आज की दुनिया में, जहां कार्रवाई को अक्सर सफलता के बराबर माना जाता है, कुछ न करने की समझदारी को अक्सर नजरअंदाज कर दिया जाता है। हालाँकि, जीवन के विभिन्न पहलुओं - प्रकृति, स्वास्थ्य और धन प्रबंधन - में रणनीतिक निष्क्रियता स्थिरता और विकास की कुंजी हो सकती है। प्रकृति तब फलती-फूलती है जब उसे शांत छोड़ दिया जाता है, स्वास्थ्य पर्याप्त आराम से फलता-फूलता है, और जब धैर्य से काम लिया जाता है तो धन बढ़ता है। इस संतुलन को समझने से अधिक पूर्ण और समृद्ध जीवन जीया जा सकता है।

1. प्रकृति की बुद्धि: चीज़ों को स्वाभाविक रूप से बढ़ने देना

प्रकृति चक्रों में चलती है, और अक्सर, मानव हस्तक्षेप इन प्राकृतिक प्रक्रियाओं को सुधारने के बजाय उन्हें बाधित करता

है। जब उन्हें अकेला छोड़ दिया जाता है, तो पारिस्थितिक तंत्र पुनर्जीवित हो जाते हैं, जंगल पनपते हैं, और नदियाँ अपना रास्ता बनाती हैं।

प्रकृति से उदाहरण:

जंगल खुद को पुनर्जीवित करता है: जंगल की आग के बाद, प्रकृति पौधों को फिर से बढ़ने और जानवरों को फिर से आबाद होने की अनुमति देकर संतुलन बहाल करती है। अत्यधिक हस्तक्षेप, जैसे अत्यधिक कटाई या कृत्रिम पुनर्रोपण, इस प्राकृतिक प्रक्रिया में बाधा डाल सकता है।

नदी का प्राकृतिक प्रवाह: नदी पर बाँध बनाने से पनबिजली जैसे अल्पकालिक लाभ मिल सकते हैं, लेकिन यह अक्सर पारिस्थितिकी तंत्र को बाधित करता है। इसके विपरीत, बहने के लिए छोड़ी गई नदी स्वाभाविक रूप से विविध समुद्री जीवन का समर्थन करती है और स्थानीय समुदायों का भरण-पोषण करती है।

एक पेड़ की वृद्धि: किसी पेड़ को बार-बार काटने से वह कमजोर हो सकता है, जबकि उसे अपनी गति से बढ़ने देने से उसे मजबूत जड़ें और लचीलापन विकसित करने में मदद मिलती है।

प्रकृति से जीवन का सबक:

कभी-कभी, किसी चीज़ को बढ़ने में मदद करने का सबसे अच्छा तरीका - चाहे वह व्यवसाय, रिश्ता, या व्यक्तिगत कौशल हो - पीछे हटना और प्राकृतिक प्रगति होने देना है।

2. स्वास्थ्य और खुशहाली में आराम की शक्ति

जिस तरह प्रकृति को संतुलन बहाल करने के लिए समय की आवश्यकता होती है, उसी तरह हमारे शरीर और दिमाग को बेहतर ढंग से काम करने के लिए शांति के क्षणों की आवश्यकता होती है। अधिक काम करने, अधिक प्रशिक्षण लेने या अधिक सोचने से अक्सर प्रगति के बजाय थकान होने लगती है।

स्वास्थ्य में उदाहरण:

मांसपेशियों की रिकवरी: एथलीट जानते हैं कि मांसपेशियां वर्कआउट के दौरान नहीं बल्कि आराम की अवधि के दौरान मजबूत होती हैं। बिना ठीक हुए अत्यधिक प्रशिक्षण से चोटें और थकान होती है।

उपचार प्रक्रिया: घाव तभी ठीक होता है जब उसे बिना किसी व्यवधान के छोड़ दिया जाए। लगातार छूने या अनावश्यक उपचार करने से रिकवरी धीमी हो सकती है।

मौन के माध्यम से मानसिक स्पष्टता: समस्याओं का अत्यधिक विश्लेषण करने से निर्णय पर असर पड़ सकता है, जबकि ध्यान या विश्राम के माध्यम से एक कदम पीछे हटने से अक्सर स्पष्टता और रचनात्मक समाधान मिलते हैं।

जीवन का पाठ:

कभी-कभी, कुछ भी न करना ठीक होने, ऊर्जा वापस पाने और मजबूत होकर वापस आने का सबसे प्रभावी तरीका है।

जिस प्रकार शरीर को अच्छी तरह से काम करने के लिए नींद की आवश्यकता होती है, उसी प्रकार मन और आत्मा को शांति के क्षणों की आवश्यकता होती है।

3. धन प्रबंधन: धैर्य और रणनीतिक निष्क्रियता की शक्ति

प्रकृति और स्वास्थ्य के सिद्धांत धन सृजन और प्रबंधन पर भी लागू होते हैं। अक्सर, सबसे अच्छी वित्तीय रणनीतियों में आवेग में प्रतिक्रिया न करना और अपने पक्ष में काम करने के लिए समय देना शामिल होता है।

धन प्रबंधन से सबक:

कंपाउंडिंग का जादू: समय के साथ निवेश करने पर पैसा बढ़ता है। जितना अधिक समय तक कोई निवेश अछूता रहेगा, रिटर्न उतना ही अधिक होगा।

घबराहट में बिक्री से बचें: बाज़ार में गिरावट अस्थायी है। जो निवेशक किसी दुर्घटना के दौरान बेचने की इच्छा का विरोध करते हैं, वे अक्सर अपने पोर्टफोलियो में सुधार और वृद्धि देखते हैं।

निष्क्रिय आय को काम करने देना: रियल एस्टेट, लाभांश स्टॉक और अन्य आय पैदा करने वाली संपत्तियां तब सबसे अच्छा प्रदर्शन करती हैं जब उन्हें अकेला छोड़ दिया जाता है, जिसके लिए न्यूनतम सक्रिय प्रबंधन की आवश्यकता होती है।

वित्तीय न्यूनतमवाद: कम खर्च करना और अधिक बचत करना अक्सर उच्च जोखिम वाले अवसरों का पीछा करने की तुलना में अधिक वित्तीय सुरक्षा की ओर ले जाता है।

प्रकृति और जीवन के समानांतर:

जिस प्रकार एक पेड़ बिना किसी व्यवधान के मजबूत होता है, उसी प्रकार चक्रवृद्धि से धन बढ़ता है।

जिस तरह एक नदी अपना रास्ता स्वाभाविक रूप से खोज लेती है, उसी तरह धन भी एक स्थिर मार्ग पर चलता है जब आवेगपूर्ण निर्णयों से बाधित नहीं होता है। जिस तरह किसी पौधे की अधिक देखभाल उसे नुकसान पहुंचा सकती है, उसी तरह निवेश का अधिक प्रबंधन करने से दीर्घकालिक लाभ कम हो सकता है।

4. रिश्ते और व्यक्तिगत विकास: पनपने के लिए जगह देना

रिश्तों और व्यक्तिगत विकास में, अत्यधिक नियंत्रण प्रतिकूल हो सकता है। जिस तरह प्रकृति अकेले रहने पर फलती-फूलती है, उसी तरह स्थान और भरोसा मिलने पर लोग बेहतर विकसित होते हैं।

जीवन और रिश्तों में सबक:

अत्यधिक पोषण नुकसान पहुंचा सकता है: जिस तरह किसी पौधे को अधिक पानी देने से वह मर सकता है, उसी तरह

रिश्तों का सूक्ष्म प्रबंधन अनावश्यक दबाव पैदा कर सकता है। दूसरों पर भरोसा करना और उन्हें स्वतंत्र रूप से बढ़ने की अनुमति देना बंधन को मजबूत करता है।

विकास को स्वाभाविक रूप से होने देना: व्यक्तिगत कौशल और ज्ञान समय के साथ विकसित होते हैं। लगातार परिवर्तन के लिए दबाव डालने से निराशा हो सकती है, जबकि धैर्य जैविक विकास की अनुमति देता है।

पालन-पोषण और नेतृत्व: सर्वोत्तम नेता और माता-पिता नियंत्रण के बजाय मार्गदर्शन करते हैं। बच्चों और कर्मचारियों को गलतियाँ करने और सीखने की आज़ादी देने से स्वतंत्रता और लचीलेपन को बढ़ावा मिलता है।

प्रकृति और धन के समानांतर:

जिस तरह जंगल अपने आप पुनर्जीवित हो जाता है, उसी तरह जगह मिलने पर रिश्ते मजबूत होते हैं।

जिस प्रकार धन समय के साथ बढ़ता है, विश्वास और व्यक्तिगत विकास धैर्य के साथ गहराता है।

जिस प्रकार अत्यधिक काट-छाँट एक पेड़ को कमजोर कर देती है, उसी प्रकार अत्यधिक हस्तक्षेप रिश्ते को कमजोर कर देता है।

5. क्रिया और निष्क्रियता के बीच संतुलन

हालाँकि रणनीतिक निष्क्रियता शक्तिशाली है, लेकिन इसका मतलब जिम्मेदारियों की उपेक्षा करना नहीं है। मुख्य बात यह जानना है कि कब कार्रवाई करनी है और कब पीछे हटना है।

सिद्धांतों की मार्गदर्शक:

जब हस्तक्षेप आवश्यक हो तो कार्य करें, लेकिन अत्यधिक नियंत्रण से बचें।

दीर्घकालिक प्रक्रियाओं पर भरोसा करें, चाहे वह प्रकृति, स्वास्थ्य या वित्त में हो।

यह पहचानें कि कभी-कभी, कुछ न करना ही सबसे प्रभावी कार्य होता है।

निष्कर्ष: जीवन को प्रवाहित करने की कला

प्रकृति, स्वास्थ्य और धन सभी एक समान सबक साझा करते हैं: विकास अक्सर तब सबसे अच्छा होता है जब इसे बिना किसी बाधा के छोड़ दिया जाए।

प्रकृति में, जंगल, नदियाँ और पारिस्थितिकी तंत्र निरंतर हस्तक्षेप के बिना पनपते हैं।

स्वास्थ्य में, आराम और स्वस्थ होना उतना ही महत्वपूर्ण है जितना कि कार्रवाई।

धन में, धैर्य और दीर्घकालिक सोच से अधिक वित्तीय सफलता मिलती है।

कुछ न करने की कला आलस्य के बारे में नहीं है - यह जीवन की प्राकृतिक प्रक्रिया पर भरोसा करने के बारे में है। यह समझकर कि कब कार्य करना है और कब पीछे हटना है, हम जीवन के सभी पहलुओं में सतत विकास सुनिश्चित करते हुए चीजों को उनके समय में पनपने देते हैं।

<u>अध्याय से मुख्य बातें:</u>

1. **प्रकृति अत्यधिक हस्तक्षेप के बिना फलती-फूलती है** - जंगल, नदियाँ और पारिस्थितिकी तंत्र तब सबसे अच्छे से पुनर्जीवित होते हैं जब उन्हें बिना किसी व्यवधान के छोड़ दिया जाता है। प्रकृति का अत्यधिक प्रबंधन अक्सर उसके संतुलन को सुधारने के बजाय बिगाड़ देता है।

2. **स्वास्थ्य और विकास के लिए आराम की आवश्यकता होती है** - आराम की अवधि के दौरान शरीर ठीक होता है, मांसपेशियां मजबूत होती हैं और दिमाग स्पष्टता प्राप्त करता है। अधिक काम करने या अत्यधिक नियंत्रण करने से थकान और धीमी प्रगति हो सकती है।

3. **जब संपत्ति को बिना किसी बाधा के छोड़ दिया जाए तो धन में वृद्धि होती है** - लंबी अवधि के निवेश चक्रवृद्धि के माध्यम से बढ़ते हैं, और घबराहट

से लिए गए निर्णय अक्सर वित्तीय नुकसान का कारण बनते हैं। धैर्य और रणनीतिक निष्क्रियता सर्वोत्तम वित्तीय परिणाम देती है।

4. **रिश्तों और व्यक्तिगत विकास के लिए स्थान की आवश्यकता है** - प्रियजनों, कर्मचारियों या व्यक्तिगत विकास पर अत्यधिक नियंत्रण करना उल्टा पड़ सकता है। प्रक्रिया पर भरोसा करने और जैविक विकास की अनुमति देने से मजबूत बंधन और बेहतर परिणाम मिलते हैं।

5. **कार्रवाई और निष्क्रियता के बीच सही संतुलन महत्वपूर्ण है** - कुछ न करने का मतलब जिम्मेदारियों की उपेक्षा करना नहीं है; इसका मतलब यह जानना है कि कब पीछे हटना है और प्राकृतिक प्रक्रियाओं को - चाहे वह प्रकृति में हो, स्वास्थ्य में हो, या धन में - आपके पक्ष में काम करने देना है।

* * * * *

इसे रहने दो, इसे बढ़ने दो

वृक्ष बस खड़ा रहता है, फिर भी अपनी ऊँचाई पा लेता है,
न कोई जल्दबाज़ी, न कोई संघर्ष—बस प्रकृति उसे सँवार
लेती है।

नदी बिना ज़ोर लगाए बहती है, फिर भी सागर तक पहुँच
जाती है,
धैर्य और प्रवाह से वह अपनी मंज़िल खुद ही पा जाती है।

धन भी ऐसा ही होता है—जब उसे खुलकर बढ़ने दिया जाता है,
सही समय और धैर्य से वह अपना आकार खुद बना जाता है।

अति-प्रबंधन लाभ को उलट सकता है,
जैसे ज़रूरत से ज्यादा पानी पौधे की जड़ें सड़ा सकता है।

हर समय नियंत्रण की कोशिश मत करो,
कभी-कभी शांत रहना ही सबसे बुद्धिमानी का रास्ता है।

धन को साँस लेने दो, उसे जगह दो, उसे बहने दो,
देखो, कैसे यह हर दिन अपनी गति से बढ़ता रहेगा।

अध्याय 11

एयरबैग कभी-कभार ही खुलते हैं, लेकिन वे जान बचा सकते हैं

अवधारणा को समझना

कार में एयरबैग केवल चरम स्थितियों में तैनात करने के लिए डिज़ाइन किए गए हैं - जब कोई गंभीर टक्कर होती है। अधिकांश समय, वे डैशबोर्ड या स्टीयरिंग व्हील के भीतर छिपे रहते हैं। हालाँकि, जब कोई दुर्घटना होती है, तो वे मिलीसेकंड के भीतर फूल जाते हैं, जिससे यात्रियों को गंभीर चोटों से बचाया जाता है। इस दुर्लभ लेकिन महत्वपूर्ण सक्रियता का अर्थ जीवन और मृत्यु के बीच अंतर हो सकता है।

इसी तरह, बीमा के रूप में वित्तीय सुरक्षा भी इसी तरह काम करती है। जीवन, स्वास्थ्य, दुर्घटना, घर और वाहन बीमा जैसी पॉलिसियाँ वर्षों तक अप्रयुक्त रहती हैं। लोग अक्सर इन्हें अनावश्यक खर्चों के रूप में देखते हैं, उनकी ज़रूरत पर सवाल उठाते हैं। हालाँकि, जब कोई वित्तीय आपात स्थिति आती है - अचानक मृत्यु, कोई चिकित्सा संकट, कोई दुर्घटना, या संपत्ति की क्षति - तो ये बीमा

पॉलिसियाँ वित्तीय एयरबैग के रूप में कार्य करती हैं, प्रभाव को अवशोषित करती हैं और भयावह नुकसान को रोकती हैं।

लोग वित्तीय एयरबैग की उपेक्षा क्यों करते हैं?

कई व्यक्ति सामान्य गलतफहमियों के कारण बीमा में निवेश करने से झिझकते हैं:

"यह मेरे साथ नहीं होगा।" - लोग मानते हैं कि उन्हें दुर्घटनाओं, बीमारियों या वित्तीय संकटों का सामना नहीं करना पड़ेगा।

"यह एक अनावश्यक लागत है।" - जब तक उन्हें किसी आपात स्थिति का सामना नहीं करना पड़ता, बीमा प्रीमियम एक टालने योग्य खर्च की तरह लगता है।

"मैं बचत से गुजारा कर सकता हूं।" - हालाँकि बचत महत्वपूर्ण है, फिर भी वे अप्रत्याशित बड़े खर्चों के लिए पर्याप्त नहीं हो सकती हैं।

"मैं इसे बाद में खरीदूंगा।" - आपदा आने पर टाल-मटोल करने से अक्सर तैयार नहीं रहना पड़ता है।

जिस तरह ड्राइवर एयरबैग के साथ आते हैं, भले ही ड्राइवर उन्हें कभी इस्तेमाल न करने की उम्मीद रखते हों, उसी तरह व्यक्तियों को भी वित्तीय सुरक्षा मिलनी चाहिए - भले ही उन्हें कभी भी इसका दावा करने की आवश्यकता न पड़े।

जीवन के विभिन्न पहलुओं में वित्तीय एयरबैग की भूमिका

1. जीवन बीमा - आश्रितों के लिए एक जीवन रेखा

जिस प्रकार एयरबैग दुर्घटना के प्रभाव को कम करता है, उसी प्रकार जीवन बीमा कमाने वाले को खोने के वित्तीय प्रभाव को कम करता है।

असामयिक मृत्यु की दुर्लभ घटना परिवारों को वित्तीय संकट में डाल सकती है, जिससे जीवन बीमा भुगतान महत्वपूर्ण हो जाता है।

2. स्वास्थ्य बीमा - चिकित्सा आपात्कालीन स्थितियों से बचाव

चिकित्सीय आपातस्थितियाँ रोज़ नहीं होती हैं, लेकिन जब होती हैं, तो वे बचत ख़त्म कर सकती हैं।

स्वास्थ्य बीमा यह सुनिश्चित करता है कि उपचार बिना किसी वित्तीय चिंता के सुलभ हो।

3. दुर्घटना बीमा - संकट के समय में सहायता

अधिकांश लोग कभी भी गंभीर समुद्री डकैती का शिकार नहीं होते हैं, लेकिन जो लोग जोखिम उठाते हैं उन्हें भारी चिकित्सा बिल और आय के नुकसान का सामना करना पड़ता है।

दुर्घटना बीमा वित्तीय सहायता प्रदान करता है, जिससे व्यक्तियों और परिवारों को अतिरिक्त तनाव के बिना ठीक होने में मदद मिलती है।

4. गृह बीमा - एक प्रमुख संपत्ति की सुरक्षा

प्राकृतिक आपदाएँ या चोरी दुर्लभ हैं लेकिन आर्थिक रूप से विनाशकारी हो सकती हैं।

गृह बीमा यह सुनिश्चित करता है कि क्षति के कारण बड़े पैमाने पर मौद्रिक नुकसान न हो।

5. वाहन बीमा - सड़क पर सुरक्षा

जिस प्रकार एयरबैग दुर्घटनाओं में गंभीर चोटों को रोकता है, उसी प्रकार वाहन बीमा क्षति, देनदारी या चोरी के कारण होने वाले वित्तीय नुकसान को रोकता है।

अंतिम विचार

एयरबैग दुर्घटनाओं को नहीं रोकते हैं लेकिन दुर्घटना होने पर होने वाले नुकसान को काफी हद तक कम कर देते हैं। इसी तरह, बीमा दुर्भाग्यपूर्ण घटनाओं को घटित होने से नहीं रोकता है बल्कि यह सुनिश्चित करता है कि वे वित्तीय आपदाओं में न बदल जाएँ। हालाँकि बहुत से लोगों को कभी भी अपनी बीमा पॉलिसियों का उपयोग करने की आवश्यकता नहीं होती है, लेकिन उनका सही जगह पर होना महत्वपूर्ण

है - क्योंकि जब कोई आपातकालीन स्थिति आती है, तो यह जीवन बचाने वाली हो सकती है।

संदेश: एक वित्तीय एयरबैग होना और उसकी कभी आवश्यकता न होना, इसकी आवश्यकता होने और उसके न होने से बेहतर है।

<u>अध्याय से मुख्य बातें:</u>

1. **वित्तीय सुरक्षा आवश्यक है** - एयरबैग की तरह, बीमा पॉलिसियां अप्रत्याशित वित्तीय संकट के दौरान स्थिरता और सुरक्षा सुनिश्चित करते हुए महत्वपूर्ण सहायता प्रदान करती हैं।

2. **दुर्लभ लेकिन जीवनरक्षक** - हालाँकि दुर्घटनाएँ, बीमारियाँ या आपदाएँ बार-बार नहीं होती हैं, लेकिन जब वे होती हैं, तो बीमा विनाशकारी वित्तीय नुकसान को रोक सकता है।

3. **मन की शांति और तैयारी** - सही बीमा पॉलिसी होने से व्यक्तियों और परिवारों को भविष्य की अनिश्चितताओं के बारे में निरंतर चिंता किए बिना अपने जीवन पर ध्यान केंद्रित करने की अनुमति मिलती है।

4. **लागत नहीं, बल्कि निवेश** - कई लोग बीमा को एक खर्च के रूप में देखते हैं, लेकिन वास्तव में, यह वित्तीय सुरक्षा में एक निवेश है, बिल्कुल कार में एयरबैग लगाने जैसा।

5. **समय पर निर्णय मायने रखते हैं** - जिस तरह दुर्घटना से पहले एयरबैग स्थापित किया जाना चाहिए, उसी तरह संकट से पहले बीमा सुरक्षित किया जाना चाहिए। कवरेज में देरी से व्यक्ति सबसे खराब समय में असुरक्षित हो सकता है।

* * * * *

अदृश्य ढालें, अमूल्य सुरक्षा

कुछ सुरक्षा कवच आँखों से ओझल होते हैं,
पर जब संकट आता है, तो वही सबसे पहले खड़े होते हैं।

एयरबैग गाड़ी में छिपे रहते हैं, पर टक्कर आते ही जान
बचाते हैं,
वैसे ही बीमा भी संकट में ढाल बन जाता है।

जीवन, स्वास्थ्य, संपत्ति–हर मोड़ पर जोखिम खड़ा है,
बीमा वह अदृश्य रक्षक है जो हर क्षण तैयार खड़ा है।

हर कोई मानता है कि उसे ज़रूरत नहीं पड़ेगी,
पर जब समय आता है, तब यही सबसे बड़ी पूँजी बनती है।

एक बार की चूक, जीवनभर की सीख बन सकती है,
पर सही सुरक्षा, हर मुश्किल को आसान कर सकती है।

इसे बोझ नहीं, बुद्धिमानी समझो,
क्योंकि धन का असली मूल्य, सुरक्षित भविष्य में समझो।

अध्याय 12

वार्षिक स्वास्थ्य एवं धन जांच के माध्यम से कमी का निदान करें

जिस तरह एक कार को बेहतर प्रदर्शन के लिए नियमित सर्विसिंग की आवश्यकता होती है, उसी तरह हमारे स्वास्थ्य और धन दोनों को गंभीर समस्या बनने से पहले कमियों की पहचान करने के लिए समय-समय पर जांच की आवश्यकता होती है। वार्षिक स्वास्थ्य और धन जांच यह सुनिश्चित करती है कि हम लंबे, सुरक्षित और समृद्ध जीवन की राह पर हैं। इन जांचों की उपेक्षा करने से अपरिवर्तनीय परिणाम हो सकते हैं, जिससे हमारी शारीरिक भलाई और वित्तीय स्थिरता दोनों प्रभावित हो सकती हैं।

1. नियमित जांच की आवश्यकता

स्वास्थ्य परिप्रेक्ष्य

कई बीमारियाँ, जैसे मधुमेह, उच्च रक्तचाप और कुछ कैंसर, बिना किसी स्पष्ट लक्षण के चुपचाप विकसित होती हैं।

नियमित स्वास्थ्य जांच से इन स्थितियों का शीघ्र पता लगाया जा सकता है, जिससे उपचार आसान और अधिक प्रभावी हो जाता है।

धन परिप्रेक्ष्य

वित्तीय कमियाँ - जैसे खराब निवेश विकल्प, अपर्याप्त बचत, या बीमा कवरेज की कमी - वित्तीय तनाव, ऋण या असुरक्षित भविष्य का कारण बन सकती हैं। नियमित धन जांच से व्यक्तियों को अपने वित्तीय स्वास्थ्य का आकलन करने, निवेश रणनीतियों को समायोजित करने और भविष्य के लिए योजना बनाने में मदद मिलती है।

काल्पनिक उदाहरण

42 वर्षीय कार्यकारी रमेश स्वस्थ महसूस करते थे और नियमित जांच के लिए कभी डॉक्टर के पास नहीं गए। एक दिन, वह काम के दौरान बेहोश हो गये और उन्हें अस्पताल ले जाया गया। उन्हें उच्च रक्त शर्करा और उच्च रक्तचाप का पता चला था, ऐसी स्थितियाँ जिन पर वर्षों तक ध्यान नहीं दिया गया था। इसी तरह, उन्होंने कभी भी अपने निवेश की समीक्षा नहीं की और पाया कि मुद्रास्फीति ने उनकी बचत को खत्म कर दिया है। समय पर स्वास्थ्य और धन जांच से इन झटकों को रोका जा सकता था।

2. वार्षिक स्वास्थ्य जांच के घटक

बुनियादी चिकित्सा परीक्षण

रक्तचाप और शर्करा स्तर: उच्च रक्तचाप और मधुमेह के खतरे की पहचान करें।

कोलेस्ट्रॉल की जाँच: हृदय स्वास्थ्य का आकलन करने में मदद करता है।

बॉडी मास इंडेक्स (बीएमआई) और मोटापा परीक्षण: जीवनशैली से जुड़ी बीमारियों को रोकने के लिए।

पूर्ण रक्त गणना (सीबीसी): संक्रमण और कमियों का पता लगाता है।

लिवर और किडनी फंक्शन टेस्ट: यह सुनिश्चित करता है कि महत्वपूर्ण अंग अच्छी तरह से काम कर रहे हैं।

कैंसर जांच: महिलाओं के लिए मैमोग्राम, पुरुषों के लिए प्रोस्टेट जांच।

जीवनशैली का आकलन

आहार संबंधी आदतें: पोषक तत्वों की कमी से गंभीर स्वास्थ्य समस्याएं हो सकती हैं।

व्यायाम दिनचर्या: व्यायाम दिनचर्या: शारीरिक गतिविधि की कमी से मोटापा और हृदय संबंधी समस्याएं हो सकती हैं।

तनाव और मानसिक स्वास्थ्य: दीर्घकालिक तनाव मानसिक और शारीरिक स्वास्थ्य दोनों को प्रभावित करता है।

काल्पनिक उदाहरण

35 वर्षीय मार्केटिंग पेशेवर नेहा अपने वार्षिक स्वास्थ्य जांच के लिए गईं और पता चला कि उनमें विटामिन डी और आयरन की कमी है। साधारण आहार परिवर्तन और पूरक आहार के साथ, उसने अपनी ऊर्जा के स्तर और समग्र कल्याण में सुधार किया।

3. वार्षिक धन जाँच के घटक

आय एवं व्यय की समीक्षा

बजट विश्लेषण: सुनिश्चित करें कि आप अपनी आय का कम से कम 20-30% बचा रहे हैं।

व्यय लेखापरीक्षा: अनावश्यक खर्चों की पहचान करें और बुद्धिमानी से धन का पुनः आवंटन करें।

निवेश पोर्टफोलियो जांच

इक्विटी और ऋण निवेश: उच्च जोखिम और कम जोखिम वाली संपत्तियों को संतुलित करें।

म्यूचुअल फंड प्रदर्शन: बेंचमार्क के साथ रिटर्न की तुलना करें और यदि आवश्यक हो तो बदलाव करें।

सेवानिवृत्ति योजना: सेवानिवृत्ति के बाद के जीवन के लिए पर्याप्त बचत सुनिश्चित करें।

बीमा कवरेज समीक्षा

स्वास्थ्य बीमा: सुनिश्चित करें कि बढ़ती चिकित्सा लागत के लिए कवरेज पर्याप्त है।

जीवन बीमा: जांचें कि क्या आपकी पॉलिसी भविष्य की पारिवारिक ज़रूरतों को कवर करती है।

घर और वाहन बीमा: अप्रत्याशित क्षति या नुकसान से बचाएं।

कर योजना एवं अनुपालन

कर बचत निवेश: 80सी, 80डी आदि के तहत कर लाभ का उपयोग करें।

रिटर्न दाखिल करना: जुर्माने से बचने के लिए समय पर और सटीक कर दाखिल करना सुनिश्चित करें।

काल्पनिक उदाहरण

50 वर्षीय व्यवसायी अमित को अपनी वार्षिक संपत्ति जांच के दौरान एहसास हुआ कि उनका जीवन बीमा कवरेज पुराना था और उनके परिवार की जरूरतों के लिए अपर्याप्त था। उन्होंने अपनी नीतियों को उन्नत किया और सेवानिवृत्ति के बाद बेहतर आय उत्पन्न करने के लिए अपने निवेश का पुनर्गठन भी किया।

4. व्यापक स्वास्थ्य एवं धन जांच के लाभ

समस्याओं का शीघ्र पता लगाना - बीमारियों या वित्तीय जोखिमों के बढ़ने से पहले उनकी पहचान करना।

मन की शांति - यह जानकर कि आप स्वस्थ और आर्थिक रूप से सुरक्षित हैं।

सूचित निर्णय लेना - धारणाओं के बजाय तथ्यों के आधार पर समायोजन करना।

दीर्घकालिक कल्याण - स्वास्थ्य और धन दोनों के लिए एक अनुशासित दृष्टिकोण स्थिरता सुनिश्चित करता है।

जीवन की बेहतर गुणवत्ता - कम तनाव, बेहतर शारीरिक स्वास्थ्य और वित्तीय स्वतंत्रता।

5. आपकी वार्षिक स्वास्थ्य एवं धन जांच कराने के चरण

स्वास्थ्य जांच कदम

वार्षिक स्वास्थ्य जांच पैकेज बुक करें।

व्यक्तिगत स्वास्थ्य रिकॉर्ड बनाए रखें।

डॉक्टर से जीवनशैली में बदलाव पर चर्चा करें।

जो भी कमी पाई जाए उस पर कार्रवाई करें।

धन जांच के चरण

वित्तीय विवरण और बजट की समीक्षा करें.

निवेश वृद्धि और रिटर्न की जाँच करें।

बीमा पॉलिसियों का मूल्यांकन करें और आवश्यकतानुसार अद्यतन करें।

वर्ष के लिए नए वित्तीय लक्ष्य निर्धारित करें।

काल्पनिक उदाहरण

विकास और उनकी पत्नी ने एक साथ वार्षिक स्वास्थ्य और धन जांच करना शुरू किया। पाँच वर्षों में, उन्होंने अपनी शारीरिक फिटनेस में सुधार और अपनी निवल संपत्ति में वृद्धि देखी। उनके अनुशासित दृष्टिकोण से प्रेरित होकर उनके दोस्तों ने भी इस आदत को अपनाया।

निष्कर्ष: रोकथाम इलाज से बेहतर है

समय रहते संभलने से बड़ी आफत टलती है। कमियों का शीघ्र निदान - चाहे स्वास्थ्य में हो या धन में - एक सहज, तनाव मुक्त जीवन सुनिश्चित करता है। वार्षिक जांच में समय निवेश करने से अप्रत्याशित संकटों से बचाव हो सकता है और एक स्वस्थ, समृद्ध भविष्य का निर्माण हो सकता है।

अध्याय से मुख्य बातें:

1. स्वास्थ्य और धन एक दूसरे से जुड़े हुए हैं - एक की उपेक्षा दूसरे को प्रभावित करती है।

2. इलाज की तुलना में रोकथाम अधिक लागत प्रभावी है।

3. जीवनशैली में छोटे-छोटे बदलाव बड़ा बदलाव ला सकते हैं।

4. नियमित वित्तीय मूल्यांकन भविष्य के संकटों से बचने में मदद कर सकता है।

5. एक अनुशासित दृष्टिकोण दीर्घकालिक कल्याण की ओर ले जाता है।

वार्षिक स्वास्थ्य और धन जांच को एक आदत बनाकर, हम अधिक संतुलित और संतुष्टिपूर्ण जीवन जी सकते हैं।

* * * * *

सुरक्षा के लिए जाँच करें, साल दर साल

स्वास्थ्य और धन, दोनों जीवन की पूँजी हैं,
पर ध्यान न दो, तो खोखली नींव की तरह ढह सकती हैं।

एक मूक समस्या भीतर छिपी हो सकती है,
जो बिना जाँच के अनदेखी रह सकती है।

नियमित समीक्षा अनचाही दरारों को पकड़ती है,
समस्या आने से पहले ही सुरक्षा की दीवार खड़ी करती है।

शरीर को वार्षिक परीक्षण चाहिए,
धन को भी संतुलन और समीक्षा की राह चाहिए।

अचानक गिरावट या नुकसान का इंतज़ार क्यों करें?
समय रहते जाँच कर, खुद को सुरक्षित रखें।

एक छोटी सतर्कता जीवनभर की राहत दे सकती है,
हर साल की समीक्षा, सुखद भविष्य की गारंटी दे सकती है।

अध्याय 13

मील तक पहुंचने के लिए शुरुआती कदम महत्वपूर्ण हैं

जीवन में सफलता, चाहे व्यक्तिगत हो या वित्तीय, पहले कदम से शुरू होती है। हजारों मील की यात्रा एक कदम से शुरू होती है, और यह सिद्धांत हर लक्ष्य पर लागू होता है - चाहे वह करियर में वृद्धि हो, धन संचय हो या व्यक्तिगत विकास हो। सही शुरुआत दीर्घकालिक सफलता की राह तय कर सकती है, जबकि झिझक या अनुचित शुरुआत प्रगति में देरी या पटरी से उतर सकती है।

इस नोट में, हम प्रमुख मील के पत्थर हासिल करने में मजबूत शुरुआती कदमों के महत्व का पता लगाएंगे। हम इस अवधारणा को जीवन लक्ष्यों, वित्तीय सफलता और वास्तविक दुनिया के प्रेरक उदाहरणों से जोड़ेंगे जो साबित करते हैं कि शुरुआती निर्णय भविष्य को कैसे आकार देते हैं।

1. छोटी शुरुआत, बड़ा प्रभाव

हर बड़ी उपलब्धि की नींव छोटे लेकिन महत्वपूर्ण पहले कदमों पर बनी होती है। चाहे वह नया व्यवसाय हो, निवेश

पोर्टफोलियो हो, या स्वास्थ्य परिवर्तन हो, शुरुआती कदम ही प्रक्षेप पथ निर्धारित करते हैं।

उदाहरण: धीरूभाई अंबानी - छोटे व्यापार से लेकर व्यापारिक साम्राज्य तक

रिलायंस इंडस्ट्रीज के संस्थापक धीरूभाई अंबानी ने यमन में एक छोटी ट्रेडिंग फर्म में काम करके अपनी यात्रा शुरू की। वह एक दृष्टिकोण के साथ भारत लौटे और कपड़ा निर्माण में छोटे लेकिन आश्वस्त कदम उठाए। अनुशासित वित्तीय योजना, मुनाफे के पुनर्निवेश और बाजार विस्तार के माध्यम से, उन्होंने दुनिया के सबसे बड़े समूहों में से एक का निर्माण किया। उद्यमिता में उनके पहले कदम ने बड़े पैमाने पर धन सृजन की नींव रखी।

पाठ: साहसिक और गणनात्मक पहला कदम तेजी से विकास के द्वार खोलता है।

2. कार्रवाई से पहले योजना बनाना

हालाँकि पहला कदम उठाना महत्वपूर्ण है, एक अच्छी तरह से सोची-समझी योजना सफलता को बढ़ाती है। दिशा के बिना, सबसे उत्साही शुरुआत भी कहीं नहीं ले जा सकती।

उदाहरण: सचिन तेंदुलकर - एक विजन के साथ शुरुआती शुरुआत

सचिन तेंदुलकर का क्रिकेट करियर कोई दुर्घटना नहीं था; यह प्रारंभिक योजना और अनुशासित प्रशिक्षण का परिणाम था। छोटी उम्र से ही, उन्होंने अपने कोच रमाकांत आचरेकर के अधीन अभ्यास किया, सख्त नियमों का पालन किया और कौशल विकास पर ध्यान केंद्रित किया। अभ्यास में उनके शुरुआती निवेश ने उन्हें महानतम क्रिकेटरों में से एक बनने में मदद की।

पाठ: तैयारी यह सुनिश्चित करती है कि पहले कदम दीर्घकालिक लक्ष्यों के अनुरूप हों।

3. प्रारंभिक चुनौतियों पर काबू पाना

कई लोग असफलता के डर, संसाधनों की कमी या अनिश्चितता के कारण शुरुआत करने से झिझकते हैं। हालाँकि, शुरुआती संघर्षों से आगे बढ़ने की क्षमता दीर्घकालिक सफलता को परिभाषित करती है।

उदाहरण: वॉरेन बफेट - छोटी उम्र से निवेश करना

वॉरेन बफेट ने 11 साल की उम्र में गलतियाँ करते हुए और उनसे सीखते हुए निवेश करना शुरू कर दिया था। उनकी शुरुआती असफलताओं ने उन्हें हतोत्साहित नहीं किया; इसके बजाय, उन्होंने अपनी रणनीतियों को परिष्कृत किया और शेयर बाजार में एक साम्राज्य बनाया। शुरुआती वर्षों में उनकी दृढ़ता ने उन्हें इतिहास के सबसे अमीर निवेशकों में से एक बना दिया।

सबक: पहली कुछ चुनौतियाँ सीखने के अनुभव हैं जो भविष्य की सफलता को मजबूत करती हैं।

4. संगति की शक्ति

शुरुआत करना महत्वपूर्ण है, लेकिन गति को बनाए रखना भी उतना ही महत्वपूर्ण है। शुरुआती प्रयास तभी फल दे सकते हैं जब लगातार कार्रवाई की जाए।

उदाहरण: एलोन मस्क - स्टार्टअप से लेकर अंतरिक्ष अन्वेषण तक

ज़िप2 के सह-संस्थापक से लेकर पेपल, टेस्ला और स्पेसएक्स तक एलन मस्क की यात्रा दर्शाती है कि कैसे लगातार नवाचार और दृढ़ता से अभूतपूर्व उपलब्धियां हासिल होती हैं। सॉफ्टवेयर और ऑनलाइन भुगतान में उनके शुरुआती कदमों ने इलेक्ट्रिक कारों और अंतरिक्ष प्रौद्योगिकी में उद्यम का मार्ग प्रशस्त किया।

सबक: प्रारंभिक चरण में बनी गति दीर्घकालिक उपलब्धियों को बढ़ावा देती है।

5. धन संचय के लिए वित्तीय पहला कदम

धन सृजन कोई रातों-रात होने वाली घटना नहीं है - यह बजट, बचत और अनुशासित निवेश जैसी छोटी वित्तीय आदतों से शुरू होती है।

उदाहरण: एक आम मध्यवर्गीय निवेशक

एक युवा पेशेवर पर विचार करें जो 25 साल की उम्र से व्यवस्थित निवेश योजना (एसआईपी) में प्रति माह ₹5,000 का निवेश करना शुरू कर देता है। लगातार निवेश के साथ, चक्रवृद्धि अपना जादू चलाती है, और सेवानिवृत्ति तक, निवेश एक बड़े कोष में बढ़ जाता है। हालाँकि, यदि वही व्यक्ति निवेश में दस साल की देरी करता है, तो अंतिम धन संचय काफी कम होता है।

सबक: जल्दी उठाए गए छोटे वित्तीय कदम समय के साथ पर्याप्त संपत्ति पैदा कर सकते हैं।

6. कमाई से पहले सीखना

कई सफल व्यक्ति वित्तीय सफलता हासिल करने से पहले ज्ञान प्राप्त करने के महत्व पर जोर देते हैं।

उदाहरण: रतन टाटा - व्यवसायों से सीखना

टाटा समूह का नेतृत्व करने से पहले रतन टाटा ने जमीनी स्तर पर विभिन्न टाटा कंपनियों में काम किया। उनके शुरुआती प्रदर्शन और सीखने के अनुभवों ने उन्हें जगुआर-लैंड रोवर हासिल करने और वैश्विक स्तर पर विस्तार करने जैसे बड़े निर्णयों के लिए तैयार किया।

पाठ: प्रारंभिक वर्षों में सही शिक्षा और अनुभव से निर्णय लेने की क्षमता बेहतर होती है।

7. सही नेटवर्क का महत्व

जिन लोगों से हम घिरे रहते हैं वे हमारी सफलता को प्रभावित करते हैं। शुरुआत में ही सही संबंध बनाने से अवसरों के द्वार खुल सकते हैं।

उदाहरण: स्टीव जॉब्स और स्टीव वोज़्नियाक - एक साथ एप्पल का निर्माण

Apple का जन्म इसलिए हुआ क्योंकि स्टीव जॉब्स और स्टीव वोज्नियाक ने तकनीकी विशेषज्ञता को व्यावसायिक दृष्टिकोण के साथ जोड़कर सहयोग किया। उनकी शुरुआती साझेदारी ने **Apple** को वैश्विक प्रौद्योगिकी नेता के रूप में आकार देने में महत्वपूर्ण भूमिका निभाई।

सबक: शुरुआती दौर में सही सहयोग विकास को गति देता है।

8. प्रारंभिक चरणों के बाद अनुकूलन और धुरी

कभी-कभी, पहला कदम तुरंत सफलता नहीं दिलाता है, लेकिन अनुकूलन की क्षमता अंततः प्रगति सुनिश्चित करती है

उदाहरण: जेफ बेजोस - ऑनलाइन किताबों से लेकर ग्लोबल ई-कॉमर्स तक

अमेज़न की शुरुआत एक ऑनलाइन बुकस्टोर के रूप में हुई थी, लेकिन जेफ बेजोस ने जल्द ही बाजार की जरूरतों

के अनुरूप खुद को ढाल लिया और एक वैश्विक ई-कॉमर्स दिग्गज के रूप में विस्तार किया। शुरुआती कदम उठाने के बाद अपनी दिशा बदलने की उनकी क्षमता से असाधारण सफलता मिली।

सबक: यात्रा विकसित हो सकती है, लेकिन शुरू करने और अनुकूलन करने की इच्छा प्रगति को ट्रैक पर रखती है।

9. स्वास्थ्य और धन - समानांतर यात्राएँ

धन संचय की तरह, अच्छे स्वास्थ्य के लिए भी छोटे लेकिन लगातार प्रयासों की आवश्यकता होती है। स्वस्थ जीवनशैली की ओर पहला कदम, जैसे व्यायाम करना या सही खान-पान, समय के साथ जुड़कर दीर्घकालिक लाभ देता है।

उदाहरण: विराट कोहली - फिटनेस के माध्यम से परिवर्तन

विराट कोहली हमेशा सबसे फिट क्रिकेटर नहीं थे, लेकिन उन्होंने अपनी फिटनेस में सुधार के लिए सचेत कदम उठाए, जिससे अंततः उनके खेल में बदलाव आया। उनके अनुशासित दृष्टिकोण ने उनके करियर को आगे बढ़ाया और उन्हें युवा एथलीटों के लिए एक आदर्श बना दिया।

सबक: जीवनशैली में शुरुआती बदलाव से महत्वपूर्ण दीर्घकालिक लाभ होते हैं।

10. परिकलित जोखिम लेना

बहुत से लोग डर के कारण पहला कदम उठाने से झिझकते हैं। हालाँकि, परिकलित जोखिम अक्सर सबसे बड़े पुरस्कार की ओर ले जाते हैं।

उदाहरण: नारायण मूर्ति - इंफोसिस शुरू करने के लिए नौकरी छोड़ दी

नारायण मूर्ति ने छोटी सी पूंजी से इंफोसिस शुरू करने के लिए अपनी पक्की नौकरी छोड़ दी। उनका प्रारंभिक जोखिम सफल रहा, जिससे भारत की सबसे बड़ी आईटी कंपनियों में से एक का निर्माण हुआ।

सबक: शुरुआत में अच्छी तरह से गणना किए गए जोखिम असाधारण परिणाम दे सकते हैं।

<u>अध्याय से मुख्य निष्कर्ष:</u>

1. **छोटी शुरुआत बड़ी सफलताओं की ओर ले जाती है** - हर बड़ी यात्रा एक सुविचारित कदम से शुरू होती है।

2. **निरंतरता महत्वपूर्ण है** - एक मजबूत शुरुआत के बाद निरंतर प्रयास किए जाने चाहिए।

3. **प्रारंभिक वित्तीय योजना धन संचय में तेजी लाती है** - जितनी जल्दी आप बचत और निवेश शुरू करेंगे, उतना बेहतर होगा।

4. **अनुकूलनशीलता दीर्घकालिक सफलता सुनिश्चित करती है** - यदि पहला कदम काम नहीं करता है, तो सीखें, आगे बढ़ें और आगे बढ़ें।

5. **सोच-समझकर जोखिम लेने से अवसरों के द्वार खुलते हैं** - असफलता के डर से प्रगति नहीं रुकनी चाहिए।

<u>**निष्कर्ष:**</u>

मजबूत शुरुआत करना महत्वपूर्ण है, लेकिन दृढ़ता, सीखने और अनुकूलनशीलता के साथ यात्रा को जारी रखने से दीर्घकालिक सफलता मिलती है। चाहे वह करियर बनाना हो, धन संचय करना हो, या व्यक्तिगत विकास हासिल करना हो, पहले सही कदम उठाने से आगे की लाभप्रद यात्रा सुनिश्चित होती है।

* * * * *

छोटे कदम, बड़े मील

धन की यात्रा छोटे कदमों से ही आगे बढ़ती है।
बचत का बीज समय पर वटवृक्ष बन सकता है।

पहला रुपया बचाना आर्थिक स्वतंत्रता की नींव रखता है।
सफलता की राह एक छोटे प्रयास से शुरू होती है।

धैर्य और अनुशासन धन को निरंतर बढ़ाते हैं।
हर सफर की शुरुआत एक छोटे कदम से होती है।

समय सबसे बड़ा जादूगर है, इसे व्यर्थ न करें।
आज कदम उठाएँ, कल सफलता आपका इंतज़ार करेगी!

अध्याय 14

भलाई और विश्वास संतुष्ट और खुशहाल जीवन देते हैं

जीवन विकल्पों, कार्यों और परिणामों से भरी एक यात्रा है। अच्छाई और विश्वास के सिद्धांत एक संतुष्ट और सुखी जीवन को आकार देने में महत्वपूर्ण भूमिका निभाते हैं। जब कर्म के दर्शन, नैतिक धन संचय और रणनीतियों में अटूट विश्वास से जुड़े होते हैं, तो ये गुण आंतरिक शांति, समृद्धि और दीर्घकालिक सफलता का जीवन बनाते हैं।

1. अच्छाई और विश्वास को समझना

अच्छाई का तात्पर्य जीवन के सभी पहलुओं में नैतिक अखंडता, दयालुता और नैतिक व्यवहार से है। यह सकारात्मक कर्म की नींव है, जो अंततः सफलता और पूर्णता की ओर ले जाता है। दूसरी ओर, विश्वास, चुनौतीपूर्ण समय में भी, किसी के कार्यों, सिद्धांतों और रणनीतियों में विश्वास है। विश्वास आगे बढ़ते रहने और सोची-समझी योजनाओं पर कायम रहने की शक्ति प्रदान करता है।

एक संतुष्ट और खुशहाल जीवन केवल वित्तीय सफलता के बारे में नहीं है, बल्कि उद्देश्य और शांति की भावना के साथ जीने के बारे में है। जो लोग अच्छाई के साथ काम करते हैं और सही रास्ते पर विश्वास बनाए रखते हैं, वे कम तनाव का अनुभव करते हैं, मजबूत रिश्ते बनाते हैं और नैतिक तरीकों से स्थायी धन बनाते हैं।

2. सुखी जीवन में कर्म की भूमिका

कर्म, कारण और प्रभाव का सार्वभौमिक नियम है। प्रत्येक कार्य, विचार और निर्णय के परिणाम होते हैं। जब कोई व्यवहार में अच्छाई चुनता है - चाहे वह व्यक्तिगत हो या वित्तीय - यह सकारात्मक कर्म बनाता है जो खुशी और सफलता लाता है।

निःस्वार्थ भाव से दूसरों की मदद करने पर अक्सर बदले में अप्रत्याशित सहयोग मिलता है।

नैतिक व्यावसायिक प्रथाएँ दीर्घकालिक विश्वास और स्थिरता का कारण बनती हैं।

ईमानदारी और धैर्य के साथ निवेश करने से स्थायी वित्तीय विकास मिलता है।

जो लोग अल्पकालिक लाभ के लिए दूसरों का शोषण करते हैं वे धन तो जमा कर लेते हैं लेकिन अक्सर शांति और खुशी खो देते हैं। नैतिक कार्यों से प्रेरित अच्छे कर्म यह सुनिश्चित करते हैं कि धन न केवल जमा हो, बल्कि खुशी और संतुष्टि भी लाए।

3. नैतिक धन संचय

धन, जब ईमानदार और नैतिक तरीकों से अर्जित किया जाता है, तो तनाव के बजाय शांति का स्रोत बन जाता है। धन संचय करने के सही तरीके में शामिल हैं:

कौशल को बढ़ाने के लिए कड़ी मेहनत और निरंतर सीखना।

निष्पक्ष व्यावसायिक प्रथाएँ जो सभी हितधारकों के लिए लाभप्रद स्थितियाँ सुनिश्चित करती हैं।

धैर्य और ठोस वित्तीय रणनीतियों पर आधारित दीर्घकालिक निवेश।

समाज को वापस देना, जो सद्भावना और आंतरिक संतुष्टि पैदा करता है।

कई धनी व्यक्ति जो नैतिक पथों का अनुसरण करते थे - जैसे वॉरेन बफेट या रतन टाटा - ने प्रदर्शित किया कि ईमानदारी से अर्जित धन न केवल कायम रहता है बल्कि गहरी संतुष्टि भी देता है।

4. दीर्घकालिक सफलता के लिए रणनीतियों में विश्वास बनाए रखना

धन संचय सहित किसी भी क्षेत्र में सफलता के लिए सुनियोजित रणनीतियों में विश्वास की आवश्यकता होती है। अक्सर, लोग अस्थायी असफलताओं या असफलताओं

के कारण अपनी योजनाएँ छोड़ देते हैं। एक मजबूत वित्तीय रणनीति में विश्वास बाजार के उतार-चढ़ाव, करियर की अनिश्चितताओं और आर्थिक मंदी से निपटने में मदद करता है।

एक ऐसे निवेशक की कल्पना करें जिसने बाजार का अच्छी तरह से अध्ययन किया है और एक विविध पोर्टफोलियो विकसित किया है। यदि वे बाजार में गिरावट के दौरान घबरा जाते हैं और सब कुछ बेच देते हैं, तो वे घाटे में फंस जाते हैं। हालाँकि, यदि उन्हें अपनी रणनीति पर भरोसा है, तो वे निवेशित रहते हैं और अंततः महत्वपूर्ण दीर्घकालिक विकास देखते हैं।

आस्था अंध विश्वास नहीं है बल्कि ज्ञान, विश्लेषण और अनुभव पर बना विश्वास है। यह व्यक्तियों को अपने लक्ष्यों के प्रति प्रतिबद्ध रहने की अनुमति देता है, तब भी जब तत्काल परिणाम दिखाई नहीं देते हैं।

5. अच्छाई, विश्वास और सुखी जीवन के बीच की कड़ी

एक व्यक्ति जो अच्छाई और विश्वास का समर्थन करता है उसे कई लाभ मिलते हैं:

मन की शांति: अनैतिक परिणामों का कोई डर नहीं।

विश्वास और सम्मान: मजबूत व्यक्तिगत और व्यावसायिक रिश्ते।

वित्तीय स्थिरता: नैतिक धन समय के साथ लगातार बढ़ता है।

भावनात्मक संतुष्टि: यह जानना कि किसी के कार्य सकारात्मक प्रभाव पैदा करते हैं।

कठिन समय में लचीलापन: विश्वास चुनौतियों के दौरान आंतरिक शक्ति प्रदान करता है।

6. कार्य में अच्छाई और विश्वास के वास्तविक जीवन के उदाहरण

केस 1: ईमानदार उद्यमी

एक छोटे व्यवसाय के मालिक, रमेश ने हमेशा अपने ग्राहकों और कर्मचारियों के साथ उचित व्यवहार किया। आर्थिक कठिनाइयों के दौरान भी उन्होंने नैतिकता से कभी समझौता नहीं किया। समय के साथ, मौखिक विश्वास के कारण उनका व्यवसाय बढ़ता गया और उन्होंने दीर्घकालिक सफलता हासिल की। उनकी संपत्ति न केवल आर्थिक थी बल्कि सद्भावना और प्रसन्नता भी थी।

केस 2: विश्वास वाला निवेशक

एक युवा निवेशक, प्रिया ने एक अनुशासित निवेश रणनीति का पालन किया। जब शेयर बाज़ार दुर्घटनाग्रस्त हो गया, तो उसके आस-पास के कई लोगों ने घबराहट में अपनी हिस्सेदारी बेच दी। लेकिन उन्हें अपनी रणनीति पर भरोसा

था और वे निवेशित रहीं। वर्षों बाद, उनका पोर्टफोलियो कई गुना बढ़ गया, जबकि जिन लोगों ने विश्वास खो दिया था, उन्हें अपने जल्दबाजी में लिए गए निर्णयों पर पछतावा हुआ।

7. बुद्धि और शिक्षा के माध्यम से विश्वास को मजबूत करना

ज्ञान और बुद्धि द्वारा समर्थित होने पर विश्वास मजबूत होता है। रणनीतियों और अच्छाई में विश्वास बढ़ाने के तरीकों में शामिल हैं:

सफल व्यक्तियों से पढ़ना और सीखना।

अनुभवी पेशेवरों से परामर्श लेना।

धैर्य और सचेतनता का अभ्यास करना।

भय और संदेह पैदा करने वाले नकारात्मक प्रभावों से बचना।

जो लोग लगातार खुद को शिक्षित करते हैं, गुरुओं से सलाह लेते हैं और नैतिक मूल्यों के प्रति प्रतिबद्ध रहते हैं, उनकी यात्रा में अटूट विश्वास विकसित होता है।

8. अच्छाई और विश्वास का अभ्यास करने में चुनौतियाँ

उनके महत्व के बावजूद, अच्छाई और विश्वास का अक्सर वास्तविक जीवन में परीक्षण किया जाता है। व्यावसायिक

घाटा, विश्वासघात और वित्तीय असफलताएँ जैसी परिस्थितियाँ किसी के विश्वास को हिला सकती हैं। हालाँकि, सिद्धांतों के प्रति सच्चे रहकर इन चुनौतियों पर काबू पाने से ही वास्तविक खुशी मिलती है।

चुनौतियों पर काबू पाना:

दूसरों की बेईमानी का सामना करना: ईमानदारी और धैर्य से जवाब दें।

वित्तीय घाटा: गलतियों से सीखें और ठोस रणनीतियों के लिए प्रतिबद्ध रहें।

समाज की ओर से संदेह: अल्पकालिक अनुमोदन के बजाय दीर्घकालिक लक्ष्यों पर ध्यान केंद्रित रखें।

कठिन समय में लचीलापन मजबूत चरित्र और गहरी खुशी का निर्माण करता है।

अध्याय से मुख्य बातें:

1. अच्छाई दीर्घकालिक सफलता और आंतरिक शांति लाती है। नैतिक कार्य सकारात्मक कर्म पैदा करते हैं जो स्थायी खुशी और धन की ओर ले जाते हैं।

2. सुनियोजित रणनीतियों में विश्वास वित्तीय स्थिरता सुनिश्चित करता है। घबराहट और संदेह सफलता को पटरी से उतार सकते हैं, जबकि सही रास्ते पर भरोसा दीर्घकालिक लाभ की ओर ले जाता है।

3. वास्तविक संतुष्टि लाने के लिए धन का संचय नैतिक रूप से करना चाहिए। उचित तरीकों से कमाया गया धन शांति लाता है, जबकि अनैतिक लाभ तनाव का कारण बनता है।

4. चुनौतियाँ अच्छाई और विश्वास की परीक्षा लेती हैं लेकिन उन्हें तोड़ना नहीं चाहिए। कठिन समय में भी सिद्धांतों के प्रति सच्चे रहना व्यक्ति के चरित्र को मजबूत बनाता है।

5. निरंतर सीखने और मार्गदर्शन से विश्वास बढ़ता है। गुरुओं और जीवन के अनुभवों से ज्ञान प्राप्त करने से किसी की यात्रा में मजबूत निर्णय लेने और विश्वास का निर्माण होता है।

अच्छाई को अपनाने और नैतिक रणनीतियों में विश्वास बनाए रखने से, कोई व्यक्ति वास्तव में संतुष्ट, खुशहाल और समृद्ध जीवन जी सकता है।

* * * * *

अच्छाई के साथ धन, विश्वास के साथ खुशी

सोना चमकता है, पर शांति अनमोल होती है।
भलाई और विश्वास से धन टिकाऊ बनता है।

एक दयालु हृदय, एक सच्चा मन,
सही कर्मों से भाग्य स्वयं आता है।

धन से खुशी खरीदी नहीं जा सकती,
पर दया और विश्वास जीवन रोशन करते हैं।

ईमानदारी से कमाएँ, शालीनता से बाँटें,
सकारात्मक ऊर्जा में धन तेज़ी से बढ़ता है।

अच्छाई ही सच्ची समृद्धि की कुंजी है,
संतुष्टि से भरपूर जीवन ही असली धन है!

अध्याय 15

अनावश्यक उलझनें स्वयं और परिवार को तनावपूर्ण जीवन दे सकती हैं

सफलता, ख़ुशी और धन की चाह में, कई लोग अनजाने में अपने जीवन को जटिल बना लेते हैं। "जल्दी और अधिक" की इच्छा - चाहे वह रिश्तों, व्यवसाय या निवेश में हो - अक्सर अनावश्यक तनाव और भावनात्मक उथल-पुथल का कारण बनती है। शांति और समृद्धि लाने के बजाय, ऐसी जटिलताएँ संघर्ष, वित्तीय नुकसान और यहाँ तक कि स्वास्थ्य संबंधी समस्याएँ भी पैदा करती हैं।

आइए जानें कि ये अनावश्यक जटिलताएँ कैसे उत्पन्न होती हैं, उनके नकारात्मक प्रभाव और संतुलित और सचेत दृष्टिकोण के माध्यम से उनसे बचने के लाभ क्या हैं।

1. जीवन में अनावश्यक जटिलताओं का बोझ

जिंदगी एक नदी की तरह है; इसे स्वाभाविक रूप से प्रवाहित होना चाहिए। जब लोग हर पहलू पर नियंत्रण करने की कोशिश करते हैं, बहुत जल्द बहुत कुछ करने का प्रयास

करते हैं, या अनावश्यक रूप से हस्तक्षेप करते हैं, तो वे अपनी शांति को बाधित करते हैं। नीचे कुछ प्रमुख क्षेत्र दिए गए हैं जहां अनावश्यक जटिलताएँ उत्पन्न होती हैं।

1.1 रिश्ते और पारिवारिक झगड़े

अवास्तविक अपेक्षाएं, अहंकार का टकराव और हर चीज पर नियंत्रण करने की इच्छा अक्सर रिश्ते टूटने का कारण बनती है। कई परिवारों को प्रतिस्पर्धा, ईर्ष्या या हस्तक्षेप के कारण अनावश्यक विवादों का सामना करना पड़ता है।

उदाहरण:

अमित और राजेश भाई थे जिन्हें अपने पिता का सफल व्यवसाय विरासत में मिला था। शीघ्र विस्तार चाहने वाले अमित ने राजेश से सलाह किए बिना जोखिम भरा ऋण ले लिया। जब बिजनेस में घाटा हुआ तो राजेश ने अमित पर आरोप लगाया और उनके रिश्ते में कड़वाहट आ गई। समय के साथ, उनके परिवारों ने बातचीत करना बंद कर दिया, और उनका एक बार का प्यार भरा बंधन नष्ट हो गया - यह सब अनावश्यक जल्दबाजी और कुप्रबंधन के कारण हुआ।

1.2 व्यवसाय और कार्य तनाव

कॉर्पोरेट जगत कड़ी मेहनत को पुरस्कृत करता है, लेकिन कई व्यक्ति खुद पर जिम्मेदारियों का बोझ डालकर, अनैतिक गतिविधियों में संलग्न होकर, या उचित योजना के बिना

बहुत तेजी से विस्तार करके अपने पेशेवर जीवन को जटिल बना लेते हैं।

उदाहरण:

एक युवा उद्यमी मीना ने ऑनलाइन कपड़ों का व्यवसाय शुरू किया। एक साल के भीतर, उसने अपनी आपूर्ति श्रृंखला को मजबूत किए बिना पांच और आउटलेट खोले। कई दुकानों का प्रबंधन करना कठिन हो गया, गुणवत्ता गिर गई और ग्राहक चले गए। स्थिर सफलता के बजाय, उसकी अधीरता के कारण नुकसान, कर्ज और अत्यधिक तनाव हुआ।

1.3 निवेश और धन कुप्रबंधन

बहुत से लोग, अधिक रिटर्न के लालच में, अपना पैसा उन जटिल वित्तीय उत्पादों में लगा देते हैं जिन्हें वे समझ नहीं पाते हैं। इससे न केवल वित्तीय तनाव होता है बल्कि पारिवारिक सुरक्षा भी प्रभावित होती है।

उदाहरण:

सुरेश अपनी बचत को जल्दी से दोगुना करना चाहता था। सुरक्षित निवेश को नजरअंदाज करते हुए उन्होंने अपना सारा पैसा एक उच्च जोखिम वाली क्रिप्टोकरेंसी में लगा दिया। जब बाज़ार दुर्घटनाग्रस्त हुआ, तो उसने सब कुछ खो दिया। वित्तीय बोझ के कारण उनकी पत्नी के साथ बहस, मानसिक तनाव और उनके परिवार के भविष्य को लेकर असुरक्षा की भावना पैदा हुई।

2. अनावश्यक जटिलताओं के नकारात्मक पहलू

जब लोग अपने जीवन को अनावश्यक रूप से जटिल बनाते हैं, तो वे तनाव, वित्तीय अस्थिरता और भावनात्मक पीड़ा को आमंत्रित करते हैं। आइए कुछ प्रमुख नकारात्मक प्रभावों पर नजर डालें:

2.1 भावनात्मक एवं मानसिक तनाव

पैसे, व्यवसाय या रिश्तों के बारे में लगातार चिंता चिंता और अवसाद का कारण बनती है।

नियंत्रण खोने का डर लोगों को बेचैन और अधीर बना देता है।

2.2 टूटे रिश्ते और अकेलापन

धन, संपत्ति या नियंत्रण को लेकर पारिवारिक विवाद अलगाव की ओर ले जाते हैं।

लालच, अहंकार या ग़लतफ़हमी के कारण दोस्ती और साझेदारियाँ टूट जाती हैं।

2.3 वित्तीय अस्थिरता

उचित जानकारी के बिना जोखिम भरे निवेश से बड़े पैमाने पर नुकसान होता है।

दूसरों को प्रभावित करने के लिए अनावश्यक खर्च करने से कर्ज बढ़ता है।

<u>2.4 स्वास्थ्य समस्याएँ</u>

अत्यधिक जटिलताओं के कारण तनाव से उच्च रक्तचाप, मधुमेह और हृदय संबंधी समस्याएं होती हैं।

शांति की कमी नींद, उत्पादकता और समग्र कल्याण को प्रभावित करती है।

3. अनावश्यक जटिलताओं से बचने के लाभ

एक सरल, संतुलित जीवन खुशी, स्थिरता और शांति लाता है। आइए देखें कि अनावश्यक जटिलताओं से बचकर कैसे लाभ उठाया जा सकता है।

<u>3.1 मजबूत और स्वस्थ रिश्ते</u>

खुला संचार, विश्वास और यथार्थवादी उम्मीदें स्थायी बंधन बनाती हैं

अनावश्यक हस्तक्षेप से बचने से पारिवारिक सौहार्द बना रहेगा।

<u>3.2 तनावमुक्त एवं शांतिपूर्ण मानसिकता</u>

हर चीज के पीछे भागने की बजाय जरूरी चीजों पर ध्यान केंद्रित करने से मानसिक शांति मिलती है।

तुलनाओं और अनावश्यक प्रतिस्पर्धा को छोड़ देने से दबाव दूर हो जाता है।

3.3 सतत व्यवसाय और कैरियर विकास

नपे-तुले, योजनाबद्ध निर्णयों से अल्पकालिक लाभ के बजाय दीर्घकालिक सफलता मिलती है।

नैतिक आचरण विश्वसनीयता और स्थिर प्रगति सुनिश्चित करते हैं।

3.4 वित्तीय स्थिरता एवं धन सृजन

सरल, विश्वसनीय विकल्पों में निवेश करना भविष्य को सुरक्षित करता है।

पैसे का बुद्धिमानी से प्रबंधन दीर्घकालिक वित्तीय स्वतंत्रता सुनिश्चित करता है।

3.5 A अधिक सुखी, अधिक पूर्ण जीवन

अनावश्यक संघर्षों में फंसने के बजाय क्षणों का आनंद लेने से सच्ची खुशी मिलती है।

जीवन के प्रति एक सरल दृष्टिकोण प्रियजनों और व्यक्तिगत विकास के लिए अधिक समय देता है।

अध्याय से मुख्य निष्कर्ष:

1. **सादगी शांति लाती है** - अनावश्यक तनावों से जीवन को जटिल बनाने से बचें।

2. **संतुलन ही कुंजी है** - अपेक्षाओं, धन और रिश्तों में संयम उथल-पुथल को रोकता है।

3. **दीर्घकालिक दृष्टिकोण जीतता है** - त्वरित सफलता का लालच अक्सर पतन का कारण बनता है।

4. **स्वरूप पर स्पष्टता** - सरल, सार्थक वित्तीय और जीवन विकल्प चुनें।

5. **खुशी सबसे ज्यादा मायने रखती है** - तनाव मुक्त, संतुष्ट जीवन ही अंतिम सफलता है।

अनावश्यक जटिलताओं को दूर करके और जो वास्तव में मायने रखता है उस पर ध्यान केंद्रित करके, कोई व्यक्ति एक ऐसा जीवन बना सकता है जो पूर्ण, शांतिपूर्ण और समृद्ध हो।

* * * * *

सादगी धन की सबसे अच्छी दोस्त है

जटिल योजनाएँ उलझन और तनाव बढ़ाती हैं।
तेज़ लाभ का पीछा धन को जोखिम में डालता है।

सरल और स्थिर निवेश ही सच्ची समृद्धि लाते हैं।
शांति और सुरक्षा आसान वित्तीय रास्तों से मिलती है।

धन को उलझाने से जीवन बोझिल हो जाता है।
सीधी राह अपनाएँ, संतुलित जीवन जीएं।

कम लेकिन समझदारी से किया निवेश फलदायी होता है।
सादगी में ही धन की असली शक्ति छिपी है!

अध्याय 16

जानकार बनो लेकिन ज्ञान के सागर में मत तैरो

धन सृजन और प्रबंधन में अति-ज्ञान और अति-आत्मविश्वास के अवगुणों को समझना

ज्ञान एक शक्तिशाली उपकरण है जो व्यक्तियों को वित्तीय सफलता की ओर मार्गदर्शन कर सकता है। हालाँकि, ज्ञान की अधिकता, यदि समझदारी से लागू न की जाए, तो वरदान के बजाय बोझ बन सकती है। अति-ज्ञान और अति आत्मविश्वास अक्सर विश्लेषण पक्षाघात, लापरवाह निर्णय लेने और वित्तीय नुकसान का कारण बनता है। यह अध्याय बताता है कि कितनी अधिक जानकारी या अत्यधिक आत्म-आश्वासन धन सृजन और प्रबंधन में बाधा बन सकता है।

ज्ञान और अति-ज्ञान के बीच की पतली रेखा

ज्ञान व्यक्तियों को सूचित वित्तीय निर्णय लेने में सशक्त बनाता है, लेकिन अधिक ज्ञान भ्रम पैदा कर सकता है।

वित्तीय सामग्री - पुस्तकों, पाठ्यक्रमों, सोशल मीडिया और विशेषज्ञों की राय - के विस्फोट के साथ, निवेशक कभी-कभी परस्पर विरोधी सलाह के समुद्र में डूब जाते हैं।

काल्पनिक उदाहरण:

राज, एक युवा पेशेवर, ने शेयरों में निवेश करना शुरू किया। एक सरल रणनीति का पालन करने के बजाय, उन्होंने प्रतिदिन अत्यधिक वित्तीय सामग्री का उपभोग किया, कई किताबें पढ़ीं और कई विशेषज्ञों को सुना। परस्पर विरोधी विचारों ने उसे अनिर्णायक बना दिया। एक विशेषज्ञ ने रियल एस्टेट की सिफारिश की, दूसरे ने म्यूचुअल फंड की, जबकि एक अन्य ने क्रिप्टोकरेंसी की। बहुत सारे विकल्पों से परेशान होकर, राज ने निवेश बदलना जारी रखा, जिसके परिणामस्वरूप नुकसान हुआ और अवसर चूक गए।

प्रमुख शिक्षा:

अच्छी तरह से सूचित होना आवश्यक है, लेकिन स्पष्टता के बिना अत्यधिक जानकारी खराब निर्णय लेने की ओर ले जाती है।

अति आत्मविश्वास वित्तीय बर्बादी का कारण बन सकता है

अति आत्मविश्वास अक्सर पिछली सफलताओं से उत्पन्न होता है, जिससे निवेशकों को यह विश्वास हो जाता है कि वे बाजार या अर्थव्यवस्था को मात दे सकते हैं। कई व्यक्ति बेहतर ज्ञान के भ्रम के आधार पर धन को नष्ट करने वाले निर्णय लेते हैं।

काल्पनिक उदाहरण:

एक सफल उद्यमी मीना ने शेयर बाजार में तेजी के दौरान काफी मुनाफा कमाया। उनका मानना था कि उन्हें निवेश में महारत हासिल है और उन्होंने बाजार के रुझानों का विश्लेषण किए बिना उच्च जोखिम वाले दांव लगाना शुरू कर दिया। जब बाज़ार में गिरावट आई, तो उसने अपनी संपत्ति का एक बड़ा हिस्सा खो दिया, यह महसूस करते हुए कि भाग्य ने उसके पहले लाभ में एक बड़ी भूमिका निभाई थी।

प्रमुख शिक्षा:

कुछ जीतें किसी को विशेषज्ञ नहीं बनातीं। बाज़ार अप्रत्याशित है, और धन प्रबंधन में विनम्रता महत्वपूर्ण है।

पेशेवर सलाह को नजरअंदाज करने के नुकसान

कुछ व्यक्तियों को, वित्तीय ज्ञान प्राप्त करने के बाद, लगता है कि उन्हें अब विशेषज्ञ की सलाह की आवश्यकता नहीं है। हालाँकि, पेशेवर अनुभव और एक संरचित दृष्टिकोण लाते हैं जिसकी स्वयं-सीखने वालों में अक्सर कमी होती है।

काल्पनिक उदाहरण:

अमित, एक आईटी पेशेवर, ने व्यक्तिगत वित्त का अध्ययन करने में कई महीने बिताए। इस बात रो आश्वस्त होकर कि वह सब कुछ जानता है, उसने वित्तीय योजनाकार को नियुक्त करने के विचार को खारिज कर दिया। समय

के साथ, वह कर निहितार्थों को ध्यान में रखने में विफल रहे, परिसंपत्ति विविधीकरण को नजरअंदाज कर दिया और दीर्घकालिक योजना को नजरअंदाज कर दिया। जब तक उसे अपनी गलतियों का एहसास हुआ, तब तक वह काफी मात्रा में धन खो चुका था।

प्रमुख शिक्षा:

सीखना अच्छा है, लेकिन पेशेवर मार्गदर्शन धन प्रबंधन में गहराई और सुरक्षा जोड़ता है।

अति-विश्लेषण से अवसर चूक जाते हैं

अत्यधिक ज्ञान इकट्ठा करने की लालसा अक्सर निर्णय पक्षाघात की ओर ले जाती है, जिससे व्यक्ति समय पर कार्रवाई करने से रोकता है।

काल्पनिक उदाहरण:

विकास रियल एस्टेट में निवेश करना चाहते थे. उन्होंने वर्षों तक विभिन्न स्थानों, बंधक दरों, कर लाभों और बाजार के रुझानों पर शोध किया। जब उन्होंने निर्णय लिया, तब तक संपत्ति की कीमतें उनके बजट से अधिक बढ़ चुकी थीं। "संपूर्ण" निर्णय लेने की उनकी इच्छा के परिणामस्वरूप कोई निर्णय नहीं हुआ।

प्रमुख शिक्षा:

बिना कार्रवाई के बहुत अधिक शोध के परिणामस्वरूप वित्तीय अवसर चूक सकते हैं।

सरलता जटिलता से बेहतर काम करती है

कई लोग मानते हैं कि जटिल वित्तीय रणनीतियाँ सर्वोत्तम परिणाम देती हैं। हालाँकि, सरल और समय-परीक्षणित दृष्टिकोण अक्सर जटिल तरीकों से बेहतर प्रदर्शन करते हैं।

काल्पनिक उदाहरण:

निशा और रवि दोनों संपत्ति बनाना चाहते थे। निशा ने एक सरल एसआईपी निवेश योजना का पालन किया, जबकि रवि ने विकल्प ट्रेडिंग, उच्च जोखिम वाले डेरिवेटिव और उन्नत निवेश रणनीतियों के साथ प्रयोग किया। एक दशक के बाद, निशा की संपत्ति लगातार बढ़ती गई, जबकि रवि अप्रत्याशित लाभ और हानि से जूझता रहा।

प्रमुख शिक्षा:

अत्यधिक जटिल वित्तीय योजनाओं की तुलना में एक अनुशासित, सरल निवेश दृष्टिकोण अक्सर अधिक प्रभावी होता है।

निष्कर्ष

वित्तीय ज्ञान आवश्यक है, लेकिन अत्यधिक जानकारी में डूबना या अति आत्मविश्वास हानिकारक हो सकता है। निवेशकों को संतुलन तलाशना चाहिए - ज्ञान प्राप्त करना चाहिए लेकिन अहंकार या झिझक के बिना इसे बुद्धिमानी रो लागू करना चाहिए।

<u>अध्याय से मुख्य निष्कर्ष:</u>

1. **विश्लेषण पक्षाघात से बचें** - बहुत अधिक जानकारी निष्क्रियता का कारण बन सकती है; व्यावहारिक अनुप्रयोग पर ध्यान दें.

2. **आत्मविश्वास को अहंकार नहीं बनना चाहिए** - पिछली सफलता भविष्य के परिणामों की गारंटी नहीं देती है; विनम्र रहो।

3. **विशेषज्ञ सलाह मूल्यवान है** - पेशेवर वित्तीय योजनाकार संरचित मार्गदर्शन प्रदान करते हैं जिसमें स्व-शिक्षा की कमी हो सकती है।

4. **सही समय पर कार्रवाई करें** - अधिक शोध करने से वित्तीय अवसर चूक सकते हैं।

5. **इसे सरल रखें** - एक सीधा, अनुशासित दृष्टिकोण अक्सर अत्यधिक जटिल रणनीतियों की तुलना में बेहतर परिणाम देता है।

ज्ञान को क्रिया और विनम्रता के साथ संतुलित करके, कोई भी अति-विश्लेषण या अति-आत्मविश्वास के जाल में फंसे बिना स्थायी धन प्राप्त कर सकता है।

* * * * *

ज्ञान प्रकाश है, लेकिन इसमें डूबो मत

ज्ञान अमूल्य है, पर अति सोच भ्रमित कर सकती है।
बाज़ार उतार-चढ़ाव लाते हैं, सबकुछ जानना संभव नहीं।

बहुत अधिक सलाह स्पष्टता को धूमिल कर सकती है।
सरल और समझदारी भरे कदम ही समृद्धि लाते हैं।

सीखें, पर केवल विश्लेषण में समय न गवाएँ।
कार्रवाई करें, वरना अवसर हाथ से निकल जाएगा।

ज्ञान दिशा देता है, लेकिन अति रास्ता भटका सकती है।
संतुलित सोच और ठोस निर्णय ही सफलता दिलाते हैं!

अध्याय 17

देना और लेना - प्रकृति और धन का दिव्य नियम

प्रकृति एक सरल लेकिन गहन सिद्धांत पर काम करती है: देना और लेना। पेड़ ऑक्सीजन देते हैं और कार्बन डाइऑक्साइड लेते हैं, नदियाँ पानी देती हैं और खनिज प्राप्त करती हैं, और सूर्य परमाणु संलयन से ऊर्जा अवशोषित करते हुए गर्मी देता है। संतुलन का यह दिव्य नियम प्रकृति से परे मानव जीवन, रिश्तों और वित्तीय संपदा तक फैला हुआ है।

धन प्रबंधन में, देने और लेने के सिद्धांत को समझना महत्वपूर्ण है। जो लोग बिना दिए केवल लेते हैं, उन्हें अक्सर अपनी संपत्ति या सफलता अल्पकालिक लगती है, जबकि जो लोग बुद्धिमानी से देते हैं वे स्थायी समृद्धि पैदा करते हैं। यह नोट वास्तविक और काल्पनिक उदाहरणों के साथ बताता है कि यह नियम धन सृजन, वित्तीय स्थिरता और व्यक्तिगत विकास पर कैसे लागू होता है।

1. देने और लेने पर प्रकृति का पाठ

प्रकृति कभी भी एकतरफ़ा लेन-देन पर काम नहीं करती। एक बीज मिट्टी से पोषक तत्वों को अवशोषित करता है, एक पेड़ के रूप में विकसित होता है, और फल, ऑक्सीजन और छाया देता है। यदि कोई नदी नीचे की ओर पानी देना बंद कर दे तो वह स्थिर हो जाती है और अपनी शुद्धता खो देती है।

उसी प्रकार धन भी नदी की तरह बहना चाहिए। यदि कोई पुनर्निवेश किए बिना या समाज को वापस दिए बिना पैसा जमा करता है, तो यह स्थिर हो जाता है और मुद्रास्फीति, संचलन की कमी या आर्थिक मंदी के कारण समय के साथ मूल्य खो देता है।

उदाहरण: उदार किसान

एक किसान जो अपने उच्च गुणवत्ता वाले बीजों का एक हिस्सा पड़ोसियों के साथ साझा करता है, यह सुनिश्चित करता है कि पूरे क्षेत्र में अच्छी फसल हो। यह घटिया फसलों से क्रॉस-परागण को रोकता है और उसके अपने खेत की समृद्धि की गारंटी देता है।

इसी तरह, जो व्यवसाय ज्ञान साझा करते हैं, कर्मचारियों को अच्छी तरह से प्रशिक्षित करते हैं और ग्राहक सेवा में निवेश करते हैं, वे एक संपन्न पारिस्थितिकी तंत्र बनाते हैं जो दीर्घकालिक सफलता सुनिश्चित करता है।

2. धन प्रबंधन में दान - निवेश मानसिकता

वित्तीय विकास देना-और-लेना सिद्धांत का पालन करता है। निवेशकों को लाभ लेने के लिए अपना पैसा निवेश, स्टॉक या व्यवसाय के रूप में देना होगा। यदि वे केवल लॉकर में पैसा जमा करते हैं, तो यह न तो बढ़ता है और न ही आर्थिक विकास में योगदान देता है।

उदाहरण: दीर्घकालिक निवेशक

दुनिया के सबसे अमीर व्यक्तियों में से एक वॉरेन बफेट इसी सिद्धांत का पालन करते हैं। वह कम मूल्य वाले व्यवसायों को पूंजी देता है, उनका पोषण करता है और बाद में पर्याप्त रिटर्न लेता है। उसकी संपत्ति बढ़ती है क्योंकि वह समझता है कि रणनीतिक रूप से देने (निवेश) करने से लाभ मिलता है।

3. पैसे से परे देना - समय, ज्ञान और मूल्य

देना पैसे तक ही सीमित नहीं है; इसमें समय, कौशल और ज्ञान शामिल है। परामर्श, नेटवर्किंग और विशेषज्ञता साझा करने से अक्सर अप्रत्याशित धन संचय होता है।

उदाहरण: द टेक मेंटर

एक सॉफ्टवेयर इंजीनियर बदले में कुछ भी उम्मीद किए बिना एक जूनियर डेवलपर को सलाह देने में समय बिताता है। वर्षों बाद, जूनियर डेवलपर एक सफल स्टार्टअप बनाता है और मेंटर को एक आकर्षक साझेदारी प्रदान करता है।

यह दर्शाता है कि कैसे ज्ञान और मार्गदर्शन देने से अप्रत्याशित तरीकों से धन प्राप्त हो सकता है।

4. व्यावसायिक परिप्रेक्ष्य - सफलता पाने के लिए मूल्य देना

सफल व्यवसाय मुनाफे की उम्मीद करने से पहले ग्राहकों को मूल्य देने पर ध्यान केंद्रित करते हैं। ग्राहक सेवा, नवाचार और नैतिक प्रथाओं को प्राथमिकता देने वाली कंपनियां अक्सर बाजार पर हावी होती हैं।

उदाहरण: कॉफ़ी श्रृंखला की रणनीति

एक लोकप्रिय कॉफी ब्रांड ने 'एक खरीदो, एक दो' योजना शुरू की है, जहां बेची गई प्रत्येक कॉफी के लिए एक वंचित वर्ग को दी जाती है। यह सामाजिक पहल ब्रांड के प्रति वफादारी बढ़ाती है, बिक्री बढ़ाती है और अंततः कंपनी का राजस्व बढ़ाती है।

इससे साबित होता है कि रणनीतिक दान सद्भावना, ग्राहक विश्वास और दीर्घकालिक लाभ पैदा करता है।

5. दान और परोपकार - सतत धन का रहस्य

बिल गेट्स और रतन टाटा सहित कई अरबपति सक्रिय रूप से धन दान करते हैं, यह समझते हुए कि देने से न केवल व्यक्तिगत संतुष्टि मिलती है बल्कि आर्थिक विकास

भी होता है। परोपकार अक्सर धन पुनर्जनन के अवसर पैदा करता है।

उदाहरण: धर्मार्थ व्यवसायी

एक व्यवसायी शिक्षा कोष में दान देता है, जिससे हजारों छात्र पढ़ाई कर पाते हैं। इनमें से कुछ छात्र सफल हो जाते हैं और बाद में अपने व्यवसाय में वापस निवेश करते हैं या उनके लिए काम करते हैं, और धन सृजन में योगदान देते हैं।

देने और लेने का यह चक्र इसमें शामिल सभी लोगों के लिए समृद्धि सुनिश्चित करता है।

6. एकतरफा लेने का मिथक

जो लोग बिना लौटाए केवल लेते हैं, उन्हें अंततः असफलताओं का सामना करना पड़ता है। ऐसे व्यवसाय जो श्रमिकों को पुरस्कृत किए बिना उनका शोषण करते हैं, उन्हें उच्च क्षरण का अनुभव होता है। जो व्यक्ति बदले में बदले में अनुग्रह चाहते हैं वे विश्वसनीयता खो देते हैं।

उदाहरण: लालची निवेशक

एक शेयर बाजार निवेशक केवल मुनाफा लेता है लेकिन बाजार में गिरावट के दौरान कभी भी कंपनियों में पुनर्निवेश नहीं करता है। समय के साथ, निवेशक समर्थन की कमी के कारण कंपनियां विफल हो जाती हैं, और वह अपना पैसा भी खो देता है।

यह इस बात पर प्रकाश डालता है कि बिना दिए लेना क्यों टिकाऊ नहीं है।

7. व्यक्तिगत वित्त में देना - बचत और उदारता

जिस तरह किसी को धन बढ़ाने के लिए निवेश करना चाहिए, उसी तरह वित्तीय सुरक्षा बनाए रखने के लिए बचत भी करनी चाहिए। बचत, सेवानिवृत्ति निधि और आपातकालीन निधि के रूप में अपने भविष्य के लिए दान देना यह सुनिश्चित करता है कि धन स्थिर रहे।

इसी तरह, उदारता - जरूरतमंद दोस्तों की मदद करना या परिवार का समर्थन करना - अक्सर सद्भावना और अप्रत्याशित वित्तीय लाभ में परिणत होता है।

उदाहरण: बुद्धिमान बचतकर्ता

एक मध्यमवर्गीय व्यक्ति नियमित रूप से अपनी आय का एक छोटा प्रतिशत बचाता है और दान करता है। संकट के दौरान, उनकी पिछली उदारता उन लोगों के अप्रत्याशित समर्थन के रूप में वापस आती है जिनकी उन्होंने कभी मदद की थी।

यह संतुलित वित्तीय लेन-देन के महत्व पर जोर देता है।

8. लोगों में निवेश - सच्चा धन

दौलत का मतलब सिर्फ पैसा नहीं है; यह रिश्तों के बारे में भी है। समय, सम्मान और दयालुता देने से

मजबूत नेटवर्क बनता है, जो धन सृजन में मूल्यवान हो सकता है।

उदाहरण: सहायक बॉस

एक नेता जो कर्मचारियों को सलाह देता है और उनका समर्थन करता है वह उनकी वफादारी अर्जित करता है। वर्षों बाद, जब वह अपना खुद का व्यवसाय शुरू करता है, तो ये कर्मचारी उसके साथ जुड़ जाते हैं, जिससे उसे एक सफल उद्यम बनाने में मदद मिलती है।

इससे साबित होता है कि लोगों में निवेश करने से दीर्घकालिक लाभ मिलता है।

9. आध्यात्मिक परिप्रेक्ष्य - देना समृद्धि को आकर्षित करता है

कई आध्यात्मिक परंपराएँ इस बात पर ज़ोर देती हैं कि देने से समृद्धि बढ़ती है। दयालुता, दान और निष्पक्ष व्यावसायिक व्यवहार के कार्य अक्सर सकारात्मक ऊर्जा और वित्तीय स्थिरता लाते हैं।

उदाहरण: वह व्यवसायी जिसने साझा किया

एक व्यापारी जो निष्पक्ष व्यापार और उदार दान के लिए जाना जाता है, बाजार में उतार-चढ़ाव के बावजूद उसका व्यवसाय हमेशा फलता-फूलता रहता है। उनकी सद्भावना ग्राहक निष्ठा और वित्तीय सफलता सुनिश्चित करती है।

यह इस विश्वास का समर्थन करता है कि नैतिक धन प्रथाएं निरंतर समृद्धि की ओर ले जाती हैं।

10. संतुलन बनाना - कब देना है और कब लेना है

बिना विवेक के देने से हानि हो सकती है, जबकि संतुलन के बिना लेने से हानि होती है। कब और कितना देना या लेना है यह समझना महत्वपूर्ण है।

उदाहरण: अति-दाता

एक व्यक्ति जो पुनर्भुगतान की उम्मीद किए बिना लगातार पैसा उधार देता है, अंततः आर्थिक रूप से संघर्ष करता है। हालाँकि, जब वह समझदारी से देना सीखता है - लापरवाह ऋण के बजाय उत्पादक उद्यमों में निवेश करना - तो उसे स्थिरता मिलती है।

यह रणनीतिक दान के महत्व पर प्रकाश डालता है।

अध्याय से मुख्य निष्कर्ष:

1. **धन को नदी की तरह बहना चाहिए** - धन जमा करने से धन स्थिर हो जाता है, जबकि रणनीतिक निवेश और उदारता दीर्घकालिक वित्तीय स्वास्थ्य बनाते हैं।

2. **देने से अप्रत्याशित लाभ मिलता है** - दूसरों की मदद करने, सलाह देने या दान करने से अक्सर अप्रत्याशित वित्तीय या सामाजिक लाभ होता है।

3. **संतुलन महत्वपूर्ण है** - बिना रणनीति के अधिक देने से नुकसान होता है, जबकि एकतरफा लेने से विफलता होती है।

4. **लोगों और रिश्तों में निवेश करें** - दूसरों का समर्थन करने से मजबूत नेटवर्क बनता है जो धन संचय में योगदान देता है।

5. **नैतिक दान समृद्धि की ओर ले जाता है** - निष्पक्ष व्यापार, दान और मूल्य-संचालित व्यावसायिक प्रथाएं निरंतर वित्तीय सफलता सुनिश्चित करती हैं।

निष्कर्ष

देने और लेने का दिव्य नियम प्रकृति, व्यक्तिगत जीवन और धन प्रबंधन में स्पष्ट है। जो लोग बुद्धिमानी से देते हैं - चाहे पैसा हो, समय हो, या ज्ञान - अक्सर बदले में कहीं अधिक प्राप्त करते हैं। चाहे निवेश, परोपकार, या नैतिक व्यावसायिक प्रथाओं के माध्यम से, इस सिद्धांत को अपनाना स्थायी समृद्धि की कुंजी है।

इस नियम के साथ वित्तीय रणनीतियों को जोड़कर, व्यक्ति और व्यवसाय धन का एक चक्र बना सकते हैं जिससे न केवल उन्हें बल्कि पूरे समाज को लाभ होता है।

* * * * *

देना और लेना - धन का प्राकृतिक प्रवाह

नदी बहती है, सागर भरता है,
फिर भी जल लौटकर धरती को सींचता है।

धन भी तभी फलता-फूलता है,
जब यह बहता रहे, रुके नहीं।

अकेले संग्रह करने से समृद्धि नहीं आती,
दान और निवेश से धन बढ़ता है।

जितना दोगे, उतना लौटकर आएगा,
कर्म का यह नियम अटूट है।

संतुलन बनाए रखो, देने में विश्वास रखो,
क्योंकि सच्ची संपत्ति वही है जो बाँटी जाए!

अध्याय 18

सड़ने से पहले जीवन में फलों का आनंद लें: जीवनशैली में सुधार के लिए स्मार्ट धन का उपयोग

धन संचय एक महत्वपूर्ण उपलब्धि है, लेकिन यह वित्तीय सफलता का केवल एक हिस्सा है। धन का असली सार जीवनशैली को बेहतर बनाने, सार्थक अनुभव बनाने और कल्याण सुनिश्चित करने के लिए बुद्धिमानी से इसका उपयोग करने में निहित है। जिस प्रकार फलों को सड़ने से पहले उसका आनंद लेना चाहिए, उसी प्रकार धन का उपयोग आनंद, आराम और सुरक्षा लाने के लिए प्रभावी ढंग से किया जाना चाहिए, इससे पहले कि समय उसका मूल्य कम कर दे।

1. धन संचय और आनंद के बीच संतुलन को समझना

बहुत से लोग अपना पूरा जीवन धन संचय करने में समर्पित कर देते हैं लेकिन उसका आनंद नहीं उठा पाते। कुछ लोग

अपना धन जमा करते हैं और विलासिता, यात्रा या अनुभवों में शामिल होने के लिए हमेशा "सही समय" का इंतजार करते हैं। हालाँकि, अत्यधिक मितव्ययिता के कारण जीवन में अवसर गँवा दिए जा सकते हैं, जहाँ पैसा अप्रयुक्त रह जाता है और अंततः अपना वास्तविक उद्देश्य खो देता है।

इसके विपरीत, कुछ लोग अपना धन अनावश्यक फिजूलखर्ची में बर्बाद कर देते हैं, जिससे जरूरत के समय खुद को असुरक्षित छोड़ देते हैं। जीवनशैली में सुधार के लिए एक सुनियोजित दृष्टिकोण के साथ वित्तीय अनुशासन को संतुलित करने में कुंजी निहित है।

2. जीवन की गुणवत्ता बढ़ाने में धन का मूल्य

धन विभिन्न तरीकों से किसी के जीवन की गुणवत्ता को ऊपर उठाने का साधन प्रदान करता है:

बेहतर स्वास्थ्य: निवारक स्वास्थ्य देखभाल, पौष्टिक आहार और फिटनेस कार्यक्रमों में निवेश करना लंबा और सक्रिय जीवन सुनिश्चित करता है।

विलासिता और आराम: एक आरामदायक घर में रहना, एक विश्वसनीय वाहन चलाना और कभी-कभी विलासिता का अनुभव करना दिन-प्रतिदिन के जीवन को बेहतर बना सकता है।

यात्रा और अन्वेषण: विभिन्न संस्कृतियों, स्थानों और व्यंजनों की खोज करने से व्यक्ति का दृष्टिकोण समृद्ध होता है और जीवन भर की यादें ताजा हो जाती हैं।

शिक्षा और आत्म-विकास: निरंतर सीखना, नए कौशल प्राप्त करना और ज्ञानवर्धक सेमिनारों या कार्यशालाओं में भाग लेना व्यक्तिगत और व्यावसायिक विकास में योगदान देता है।

धर्मार्थ दान: जरूरतमंद लोगों के साथ धन साझा करना या कार्यों में योगदान देना दयालुता और सकारात्मक प्रभाव की विरासत बनाता है।

3. विलंबित आनंद का जोखिम

जीवनशैली में सुधार में अनिश्चित काल तक देरी करने से ये हो सकते हैं:

स्वास्थ्य में गिरावट: जो लोग अपने स्वास्थ्य की देखभाल के लिए बहुत लंबे समय तक इंतजार करते हैं, वे बीमारियों से पीड़ित हो सकते हैं जो उन्हें बाद में जीवन में अपने धन का पूरी तरह से आनंद लेने से रोकती हैं।

छूटे हुए अनुभव: कुछ अवसरों, जैसे छोटे बच्चों के साथ यात्रा, के लिए समय पर कार्रवाई की आवश्यकता होती है। एक बार चले जाने के बाद, वे कभी वापस नहीं लौट सकते।

धन के मूल्य का ह्रास: जो पैसा बेकार पड़ा रहता है उसका मुद्रास्फीति के कारण मूल्य कम हो जाता है, जबकि सार्थक अनुभवों में निवेश करने पर यह स्थायी आनंद पैदा करता है।

काल्पनिक उदाहरण 1: राजेश की सावधानी भरी कहानी

एक सफल व्यवसायी राजेश ने 35 वर्षों तक अथक परिश्रम किया, एक-एक पैसा बचाया और निवेश किया। उन्होंने छुट्टियाँ स्थगित कर दीं, स्वास्थ्य संबंधी चिंताओं को नजरअंदाज कर दिया और विलासिता पर खर्च करने से परहेज किया, हमेशा खुद से कहा कि वह सेवानिवृत्ति के बाद जीवन का आनंद लेंगे। हालाँकि, 65 वर्ष की उम्र में, स्वास्थ्य समस्याओं के कारण उनकी यात्रा करने की क्षमता सीमित हो गई थी, और उनके बच्चों में दूरियाँ बढ़ गई थीं। उसके पास धन तो था लेकिन उसका आनंद लेने के लिए समय या स्वास्थ्य नहीं था।

4. वित्तीय सुरक्षा से समझौता किए बिना धन का आनंद लेना

आनंद और वित्तीय स्थिरता दोनों सुनिश्चित करने के लिए खर्च को संरचित किया जाना चाहिए। निम्नलिखित रणनीतियाँ मदद कर सकती हैं:

A. जीवनशैली संवर्धन लक्ष्य निर्धारित करना

यात्रा, शौक और अनुभवों के लिए धन का एक हिस्सा आवंटित करें।

उचित वित्तीय सीमा के भीतर आवास और जीवन स्तर को उन्नत करें।

गुणवत्तापूर्ण स्वास्थ्य देखभाल और फिटनेस कार्यक्रमों सहित स्वास्थ्य और कल्याण के लिए योजना बनाएं।

B. संतुलित खर्च के लिए 50-30-20 नियम का उपयोग करना

एक अच्छी तरह से संरचित धन उपयोग योजना हो सकती है:

जरूरतों के लिए 50% (आवास, स्वास्थ्य, दैनिक खर्च)।

चाहतों के लिए 30% (विलासिता, यात्रा, शौक)।

भविष्य की सुरक्षा (निवेश, आपातकालीन निधि और सेवानिवृत्ति) के लिए 20%।

काल्पनिक उदाहरण 2: मीरा का संतुलित दृष्टिकोण

कॉर्पोरेट प्रोफेशनल मीरा ने अपनी संपत्ति को अलग-अलग श्रेणियों में बांटा है। वह नियमित रूप से यात्रा करती थी, कभी-कभार बढ़िया भोजन करती थी और आराम के लिए अपने घर को उन्नत बनाती थी। साथ ही, उन्होंने बचत और निवेश बनाए रखा, जिससे यह सुनिश्चित हुआ कि उनका वित्तीय भविष्य सुरक्षित रहे। इस दृष्टिकोण ने उसे अपनी संपत्ति बरकरार रखते हुए जीवन का आनंद लेने की अनुमति दी।

5. समय पर धन उपयोग का महत्व

A. सार्थक अनुभवों में निवेश करना

यात्रा, सीखने और पारिवारिक संबंधों के माध्यम से स्थायी यादें बनाने के लिए धन का उपयोग करना केवल भौतिक संपत्ति जमा करने से अधिक मूल्यवान है।

B. स्वास्थ्य और कल्याण को प्राथमिकता देना

स्वास्थ्य में शुरुआती निवेश एक लंबा, स्वस्थ जीवन सुनिश्चित करता है जहां धन का वास्तव में आनंद लिया जा सकता है।

C. पूर्ण जीवन के लिए स्मार्ट परोपकार

समाज को वापस देने से न केवल दूसरों को मदद मिलती है बल्कि अत्यधिक व्यक्तिगत संतुष्टि भी मिलती है।

काल्पनिक उदाहरण 3: अर्जुन की उदार विरासत

अर्जुन, एक सेवानिवृत्त उद्यमी, ने सुनिश्चित किया कि उसकी संपत्ति से उसके परिवार और समाज दोनों को लाभ हो। उन्होंने वंचित छात्रों के लिए शिक्षा का वित्तपोषण किया, चिकित्सा अनुसंधान का समर्थन किया और अपनी पत्नी के साथ दुनिया की यात्रा की। ऐसा करके, उन्होंने अपनी संपत्ति को बेकार पड़े रहने देने के बजाय उसके प्रभाव को अधिकतम किया।

6. अतिभोग से बचना: धन का जिम्मेदारीपूर्वक आनंद लेना

जबकि धन का आनंद लेना आवश्यक है, अत्यधिक भोग वित्तीय संकट का कारण बन सकता है। कुछ सामान्य गलतियों में शामिल हैं:

लक्जरी कारों और गैजेट्स जैसी मूल्यह्रास संपत्तियों पर अत्यधिक खर्च करना।

केवल वर्तमान सुखों पर ध्यान केंद्रित करते हुए दीर्घकालिक वित्तीय सुरक्षा को नजरअंदाज करना।

जीवनशैली मुद्रास्फीति के आगे झुकना, जहां बढ़ी हुई आय अनावश्यक व्यय को जन्म देती है।

काल्पनिक उदाहरण 4: विक्रम की महंगी गलती

विक्रम को बड़ी संपत्ति विरासत में मिली लेकिन उसने लग्जरी कारों, पार्टियों और अनावश्यक फिजूलखर्ची पर बेतहाशा खर्च किया। एक दशक के भीतर, उनकी संपत्ति कम हो गई, जिससे उन्हें आर्थिक रूप से संघर्ष करना पड़ा। उनकी कहानी संयम और योजना के महत्व पर प्रकाश डालती है।

7. एक सतत धन उपयोग योजना बनाना

धन के लाभों का आनंद लेते हुए जीवन भर वित्तीय सुरक्षा सुनिश्चित करने के लिए, विचार करें:

नियमित रूप से वित्तीय योजनाओं की समीक्षा करना: विकसित लक्ष्यों और प्राथमिकताओं के अनुसार खर्च को समायोजित करें।

आय उत्पन्न करने वाली संपत्तियों में निवेश: रियल एस्टेट, स्टॉक और व्यवसाय निरंतर धन वृद्धि प्रदान कर सकते हैं।

धन को बुद्धिमानी से हस्तांतरित करना: भावी पीढ़ियों को लाभान्वित करने के लिए विरासत और विरासत की योजना बनाना।

अध्याय से मुख्य निष्कर्ष:

1. **संतुलन आवश्यक है**: वर्तमान सुख और भविष्य की सुरक्षा दोनों को सुनिश्चित करते हुए, धन का जिम्मेदारी से आनंद लिया जाना चाहिए।

2. **स्वास्थ्य ही सच्चा धन है**: अच्छे स्वास्थ्य को बनाए रखने के लिए धन का उपयोग एक पूर्ण जीवन सुनिश्चित करता है।

3. **अनुभव संपत्ति से अधिक मायने रखता है**: यात्रा, सीखना और पारिवारिक बंधन आजीवन खुशी प्रदान करते हैं।

4. **वर्तमान में रहते हुए भविष्य की योजना बनाएं**: एक अच्छी तरह से संरचित वित्तीय योजना सुरक्षा को खतरे में डाले बिना आनंद लेने की अनुमति देती है।

5. **समाज को वापस दें**: धन तब सबसे सार्थक होता है जब इसका दूसरों पर सकारात्मक प्रभाव पड़ता है।

निष्कर्ष

पैसा एक साधन है, अंतिम लक्ष्य नहीं। जिस प्रकार फलों को सड़ने से पहले ही खा लेना चाहिए, उसी प्रकार धन को

अनिश्चित काल तक संग्रहित करने के बजाय जीवन को बेहतर बनाने के लिए उपयोग किया जाना चाहिए। एक अच्छी तरह से संतुलित दृष्टिकोण यह सुनिश्चित करता है कि धन अपने वास्तविक उद्देश्य को पूरा करता है - खुशी, आराम और पूर्ति की विरासत लाता है।

* * * * *

फलों को सड़ने से पहले चखें

धन फलों की तरह समय पर उपयोग करने के लिए है।
सिर्फ़ संजोने से नहीं, सही समय पर आनंद लेने से बढ़ता है।

अत्यधिक बचत बिना स्वाद लिए पकने वाले फलों जैसी है।
जीवन के सुखों का आनंद लिए बिना धन व्यर्थ है।

यात्रा करें, सीखें, अपनों पर खर्च करें।
धन का असली मूल्य उसके सार्थक उपयोग में है।

समय बीतने पर अवसर लौटते नहीं।
अपने फलों का आनंद लें - इससे पहले कि वे सड़ें!

समाप्ति नोट

प्रिय पाठक,

इस पुस्तक को पढ़ने में अपना बहुमूल्य समय लगाने के लिए हम आपको हृदय से धन्यवाद देते हैं। अध्यायों के माध्यम से, हमने प्रकृति के ज्ञान और धन सृजन, प्रबंधन और उपयोग के सिद्धांतों के बीच समानताएं खींची हैं। जिस तरह प्रकृति संतुलन, धैर्य और स्थिरता पर चलती है, उसी तरह धन भी अगर सही मानसिकता और अनुशासन के साथ संभाला जाए तो चलता है।

हमें उम्मीद है कि इस पुस्तक ने आपको एक स्थिर और पूर्ण जीवन सुनिश्चित करते हुए अपने धन का निर्माण, सुरक्षा और आनंद लेने में मदद करने के लिए सार्थक अंतर्दृष्टि प्रदान की है। चाहे वह निवेश के सही बीज बोने के बारे में हो, अनिश्चितताओं के लिए तैयारी करने के बारे में हो, या वित्तीय विकास के चक्र को अपनाने के बारे में हो, प्रत्येक अध्याय आपको सूचित और बुद्धिमान वित्तीय विकल्प चुनने के लिए प्रेरित करने के लिए डिज़ाइन किया गया है।

याद रखें, धन केवल संचय के बारे में नहीं है - यह उद्देश्यपूर्ण उपयोग, भविष्य को सुरक्षित करने और हमारे आसपास के लोगों की भलाई में योगदान देने के बारे में

है। प्रकृति से मिले सबक आपकी वित्तीय यात्रा में आपका मार्गदर्शन करें, जैसे उन्होंने सदियों से मानवता का मार्गदर्शन किया है।

यदि आपको यह पुस्तक जानकारीपूर्ण और धन प्रबंधन में सहायक मार्गदर्शिका लगी है, तो हम आपको इसके ज्ञान को साझा करने के लिए प्रोत्साहित करते हैं। **इस पुस्तक को अपने कम से कम 10 प्रियजनों को पढ़ाएँ।** ऐसा करने पर, आप न केवल उनकी वित्तीय भलाई में योगदान देंगे बल्कि अपने समुदाय में एक सकारात्मक प्रभाव भी पैदा करेंगे।

हम आपकी समृद्धि, ज्ञान और वित्तीय तथा व्यक्तिगत प्रचुरता से समृद्ध जीवन की कामना करते हैं।

शुभ धन सृजन!

- हरीश कालरा
(लेखक)

डिस्क्लैमरस

1. शेयर बाज़ार डिस्क्लैमरस

शेयर बाज़ार में निवेश करना बाज़ार जोखिमों के अधीन है। बाज़ार की स्थितियों, आर्थिक कारकों और कंपनी के प्रदर्शन के आधार पर शेयरों के मूल्य में उतार-चढ़ाव हो सकता है। पूर्व प्रदर्शन भविष्य के परिणाम का संकेत नहीं है। पाठकों को सलाह दी जाती है कि वे अपना स्वयं का शोध करें, पेशेवर वित्तीय सलाह लें और निवेश करने से पहले अपनी जोखिम सहनशीलता का सावधानीपूर्वक आकलन करें। इस पुस्तक में उल्लिखित रणनीतियों या सुझावों के आधार पर होने वाले किसी भी वित्तीय नुकसान के लिए लेखक और प्रकाशक जिम्मेदार नहीं हैं।

2. म्यूचुअल फंड डिस्क्लैमरस

म्यूचुअल फंड निवेश बाजार जोखिमों के अधीन हैं, कृपया निवेश से पहले योजना से संबंधित सभी दस्तावेजों को ध्यान से पढ़ें। म्यूचुअल फंड के प्रदर्शन की गारंटी नहीं है, और बाजार की स्थितियों के आधार पर एनएवी (नेट एसेट वैल्यू) ऊपर या नीचे जा सकती है। यह पुस्तक किसी विशिष्ट म्यूचुअल फंड या निवेश उत्पाद का समर्थन नहीं करती है।

पाठकों को कोई भी निवेश निर्णय लेने से पहले वित्तीय सलाहकार से परामर्श लेना चाहिए।

3. बीमा डिस्क्लैमरस

बीमा पॉलिसियाँ संबंधित बीमा प्रदाताओं और नियामक अधिकारियों द्वारा निर्धारित नियमों, शर्तों, बहिष्करण और पात्रता मानदंडों के अधीन हैं। यह पुस्तक एक वित्तीय सुरक्षा उपकरण के रूप में बीमा पर सामान्य जानकारी प्रदान करती है और किसी विशिष्ट बीमा उत्पाद की पेशकश, आग्रह या अनुशंसा नहीं करती है। पाठकों को किसी भी बीमा उत्पाद को खरीदने से पहले पॉलिसी दस्तावेजों की सावधानीपूर्वक समीक्षा करनी चाहिए और एक योग्य बीमा सलाहकार से परामर्श लेना चाहिए।

4. सामान्य डिस्क्लैमरस

इस पुस्तक में दी गई जानकारी केवल शैक्षिक और सूचनात्मक उद्देश्यों के लिए है और इसे वित्तीय, कानूनी, कर या निवेश सलाह के रूप में नहीं माना जाना चाहिए। लेखकों और प्रकाशकों ने सटीकता सुनिश्चित करने के प्रयास किए हैं लेकिन वे सामग्री की पूर्णता या विश्वसनीयता की गारंटी नहीं देते हैं। पाठकों को कोई भी वित्तीय निर्णय लेने से पहले प्रमाणित पेशेवरों से परामर्श करने के लिए प्रोत्साहित किया जाता है। लेखक और प्रकाशक इस पुस्तक में चर्चा की गई अवधारणाओं के अनुप्रयोग के परिणामस्वरूप होने

वाले किसी भी वित्तीय या गैर-वित्तीय नुकसान के लिए उत्तरदायी नहीं हैं।

इस पुस्तक को पढ़कर, आप उपरोक्त डिस्क्लैमरस को स्वीकार करते हैं और उनसे सहमत होते हैं।